京都，一颗位于日本本州岛近畿地方京都盆地上的璀璨明珠。

京都拥有四季分明的自然之美，也有深厚的人文历史底蕴。

于毁灭后重生，于废墟中复兴，这是千年来不屈且充满活力的京都市民亲手缔造的奇迹。

翻开这本书，
希望你能够在时光中穿梭，
享受京都千载历史酝酿出的历史文化盛宴。

读完这本书，
希望你能解开经由时间之手设下的一道谜题
——为什么是京都？

廖宇靖 ◎ 著

京都传

JINGDU ZHUAN

中国言实出版社

图书在版编目(CIP)数据

京都传 / 廖宇靖著. -- 北京 : 中国言实出版社,
2021.12
ISBN 978-7-5171-4000-9

Ⅰ. ①京… Ⅱ. ①廖… Ⅲ. ①京都—地方史 Ⅳ.
①K313.9

中国版本图书馆CIP数据核字(2022)第010283号

京都传

总 监 制：朱艳华
责任编辑：张国旗
责任校对：代青霞

出版发行　中国言实出版社
　　　　　地　址：北京市朝阳区北苑路180号加利大厦5号楼105室
　　　　　邮　编：100101
　　　　　编辑部：北京市海淀区花园路6号院B座6层
　　　　　邮　编：100088
　　　　　电　话：64924853（总编室）　64924716（发行部）
　　　　　网　址：www.zgyscbs.cn　E-mail：zgyscbs@263.net

经　　销：新华书店
印　　刷：廊坊市海涛印刷有限公司
版　　次：2022年3月第1版　2022年3月第1次印刷
规　　格：880毫米×1230毫米　1/32　7.625印张
字　　数：157千字

定　　价：55.00元
书　　号：ISBN 978-7-5171-4000-9

前　言

　　京都，是一颗位于日本本州岛近畿地方京都盆地上的璀璨明珠。这片"湖底的盆地"从远古绳文时代开始，就印上了人类的足迹。漂洋过海的渡来人使京都盆地萌发了农耕文明的种子，先进的生产方式与文化和日本本土文化相遇、碰撞并最终融合。这片极具包容力的大地，在悠久的历史中酝酿出厚重而丰富的文明，在飞速奔跑的时间里，宛如一坛经年的老酒等待开坛那一刻的飘香。

　　时机很快来临。延历十三年（794），桓武天皇将目光投射到被三山环抱的京都盆地的山背国葛野郡。很快，规模浩大的新都营建工程在这片河道纵横的盆地上启动。仿照唐朝都城长安和洛阳而建的平安京轮廓日益清晰，显露出律令制国家都城的威仪。自被赋予都城的使命后，京都的面貌日新月异，它几度荒废，又数次重生。历经千年蹉跎，京都好像成了一个拥有自主意识的生命体，从四处是池塘、水洼、涌泉的湿地，逐渐发展为人稠物穰的国际性文化观光都市。

　　京都拥有四季分明的自然之美。樱花盛开的春季、蝉鸣阵阵的夏季、红叶满山的秋季、白雪皑皑的冬季共同点缀着京都的四季风韵。京都人被界限分明又柔和细腻的季节变化包裹，领悟出与自然的和谐相处之道，于是有了随季节时令而变更材料、外观与颜色的和果子，有了采用不同季节食材、表现自然本味的京料理，还有了随季节调整材质和配色的十二单……

京都拥有深厚的人文历史底蕴。在延续至今的126代天皇中，有73代天皇都将京都作为日本的都城。无论是创造出绚烂唯美的王朝文化的平安时代，还是果敢英武的武士成为主角的幕府时期，京都始终位于日本历史舞台的中央。即使后来明治天皇实质性地将都城迁到东京，京都也没有褪去它的光彩，反而因恰到好处地兼容了传统与现代的基因，而释放出独特的魅力。京都是日本历史上拥有最长都城史的城市，与车流如织、高楼林立的现代化大都市东京相比，更符合日本人对故乡的认知，是日本人名副其实的心灵梓里。

作为日本都城的那段日子，京都几度遭逢战乱、大火、地震、洪水等灾难，数次沦为废墟，但最终如凤凰涅槃，于毁灭中获得新生。这一次次重生，证明京都是一座拥有顽强生命力的古都。平安时期的京都，是天皇和上流贵族主导的城市。自武士阶级登上历史舞台后，京都渐渐向庶民主导的新城市转变。这种转变，正是京都能够在遭受毁灭性打击后重新焕发生机的重要原因。

京都又是传统的。两千多座神社和寺庙在京都的大小街道错落有致地分布，承载着日本人民绵延了千年以上的虔诚信仰。一年四季不间断的祭祀、神事、集会等活动，使日本的传统文化在现代都市中盛放，吸引着人们去探寻古老风土孕育的千种风情。

日本的36处特别名胜中，有14处位于京都，而其中13处都是寺庙中的庭院。这些跨越时间长河出现在今人面前的庭院，展现出日本人与自然和谐共生的平衡之道。漫步于禅庭之中，感受枯山水庭院的山灵海魂，于一地一景中领悟佛法之奥义，这是古典庭院经千年风霜而不褪色的永恒魅力。

室町时代的茶香弥散在京都的空气里，一直到今天依旧浓郁动人。引进自中国的茶叶，在京都这片风雅之地大放光彩。端坐于朴素的茶室内，在袅袅茶烟间洞察生命中的不完美，在一期一会的心灵仪式上，在无尽的不可能中，成就那些微小的可能。日本人将本民族的传统艺术融入中国茶道，从而实现了茶道的民族化。

京都也是前卫的。明治二年（1869）明治天皇迁都东京，已承担了一千多年都城使命的京都陷入了前所未有的危机。不过坚韧顽强的京都人很快从痛苦中走出，开始为复兴京都苦心经营。西阵织、友禅染、清水烧……这些曾经为京都带来繁荣的乡土产业，纷纷进行技术革新，实现产业的近代化发展。如今人们在祇园的花街上，时常能看到身着和服的少女。她们衣袂间集中了前人智慧的京友禅和西阵织，无声地向人们吐露着经时光打磨后形成的温柔与优雅。

与新产业计划一同出台的学区制，奠定了京都新世纪事业的基础。以学校为单位，京都中世以来的町组被重新排列组合，所有地区与学校紧密联系，教育迅速普及，为其他府县起到了良好的示范作用。如今的京都拥有38所大学，是日本拥有大学数量最多的城市，近10%的京都人都是学生。来自国内或国外的各地人才齐聚京都，将这里打造成名副其实的学问之都。

为进一步推动城市的近现代化发展，京都启动了琵琶湖疏水工程。潺潺的水流从琵琶湖这一日本最大的湖泊流入京都，为京都的农业、工业、城市基础设施建设提供了保障。

京都是一座有生命力的城市，开放、包容，能够打开大门，吸收外界先进的文化思想。这种开放的基因，在迁都平安京前的更早时候就已经具备，而成为日本国都后，京都一方面继续如饥似渴地吸收外界优秀元素，一方面将其与自身文化结合，实现了外来文化的本土化。兼收并蓄、与时俱进，这两种特质缔造了京都这座永远的古都。

目　录

第一章　沧桑之变

文明之光很早就已降临京都盆地。考古学家研究发现，在绳文时代早期，京都盆地已经有古人类活动。如今京都市东北方向的北白川地区、偏西北方向的上贺茂地区和东南方向山科盆地的丘陵地区，都曾是绳文时代京都盆地古人类的聚居点。[①]公元前5世纪左右，当年的日本政权与同处亚欧板块的国家交往密切，大量的中国和朝鲜移民漂洋过海，将先进的农耕文化播种在日本的土地上。

在京都数千年来的历史中，渡来人贵族秦氏扮演着举足轻重的角色。他们在湿地广布的葛野地区大兴土木、累世经营，为京都后来的大规模开发奠定了基础，也为桓武天皇迁都平安京提供了可能。延历十三年（794），桓武天皇将都城迁到山背国葛野郡，并为新都取名平安京，此举既开启了平安时代，也赋予了京都始为日本国都的荣光。

平安京的营造，处处可见中国唐朝时西京长安和东都洛阳的影子。如果从空中俯瞰，平安京俨然一座缩小版的"长安

---

① ［日］林屋辰三郎.京都［M］.李濯凡，译.北京：新星出版社，2019.

城"。成为新都，平安京得到了前所未有的发展机遇。历经平安时代、镰仓时代、室町时代、南北朝时代、战国时代、安土桃山时代、江户时代等风雨洗礼，平安京华丽蜕变为京都，不断扩大城市规模，从四处是池塘、水洼、涌泉的湿地小城，进阶为一座在时代浪潮中屹立不倒的新型都市。

第一节　"湖底"的文明

一万年以前，京都盆地还在湖底静静地沉睡。此时正值更新世向全新世过渡，整个地球正发生翻天覆地的变化，表面象征极寒的白色飞速从绝大多数地方褪去，象征生命的绿色仅在一些高海拔的山地和接近两极的地区前减缓了脚步。地球正从离我们最近的一次冰期中"解封"，陆地上大量融化的冰雪水注入海洋，令海平面上升，使原本与陆地连接的"日本半岛"在时间魔力的作用下，渐渐变成漂浮海上的"日本列岛"。

在地球不断自转与公转期间，身处汪洋的京都盆地苏醒了，奋而抓住了文明的曙光。地壳运动使起伏的山脉在盆地的东边、北边和西边不断延伸，搅动了原本静谧的湖水。与此同时，围绕它的三面山脉带来了丰富的泥沙沉积，加上地壳在盆地的东北方微微隆起，清澈碧绿的湖水自"盆"中缓缓向外倾倒，顺势在山麓处创造了适宜人类居住的绿洲。京都的文明，就此被原始京都人牢牢地握在手中。

昭和三十六年（1961）八月，一处绳文时代的遗迹在京都北白川北的一乘寺向畑町被发现。科研人员怀着紧张、兴奋的心情，对遗迹进行了逐层发掘。褐色土层、黄色土层、黑色土层、白色砂层……随着发掘的不断深入，越来越多的文物从黑暗的地底露出，仅从最表面的褐色土层，科研人员就发现了绳文时代的稀有土瓶，在更底层的黑色土层，还发现了属于绳文时代早期的新陶器。

他们进一步研究发现，这些新陶器的主人大约是活动于七千年前京都北白川地区的绳文人。其实在这之前，北白川地区已有绳文时代中期的遗迹被发掘。这次早期文物的出土，使原本人们关于文明降临京都盆地的推测时间大大提前，宣示着京都的文明历史开启于更早的绳文时代早期。

那么，文明是如何降临京都盆地的呢？"湖底"的露出的确为文明诞生提供了温床，但日本列岛作为"后起之秀"，不可能像拥有悠久历史的陆地那样，有充足的时间完成复杂的人类演化，所以绳文人是从何处来到京都盆地，并在此打开文明的阀门呢？

日本的科学家们通过研究推测，大约在距今3.8万到1.8万年前，绳文人离开大陆来到日本，他们的足迹从北海道蔓延至冲绳，几乎遍布日本全境。[①]神奇的是，绳文人并非漂洋过海来到日本土地上繁衍生息，而是仅凭双腿就完成了这场"跨海迁徙"。

---

① 参考消息网. 基因解析显示称日本人祖先来自东亚大陆 ［EB/OL］.［2019-05-15］.http://www.cankaoxiaoxi.com/ science/20190515/2380180.shtml.

这是因为在寒冷的冰河时期，日本仍然与亚洲大陆接壤，日本海还是被陆地环抱的内陆湖，而日本南北两端的大陆架也与大陆紧密相连。寒冷的气候冻结了大部分地区的生机，仅有小部分地区保持暖意，成为生命的乐土。东南亚就是这样的地区。

由于环境适宜，人口迅速繁衍，有限的资源已经不能满足东南亚人类的需求，因争夺食物而爆发的"战争"日益频繁。为了摆脱困境，富有冒险精神的人在有远见的首领带领下，开始寻觅新乐土。远行的冒险者们至少有两支，或者说只有两支队伍成功地将他们的痕迹留在了历史这本大书上。一支沿古中国大陆北上，直达如今的河北或更远；另一支则从古中国大陆东进，通过当时与大陆相连的大陆架到达日本，他们很可能就是最早的京都盆地文明播种者——绳文人。[①]

距今两万年前的间冰期使地球从低温中解冻，冰雪融水抬高了海平面，使日本与大陆一衣带水。不过在这一过程中，还夹杂着两次极寒事件，重新连接了日本北部的大陆架与亚洲大陆。那时，通过北海道地区，日本和亚洲大陆依然可以往来，直到温度不断上升，海水持续对日本半岛进行侵蚀，同时将北端的大陆架淹没，就此阻断了绳文人与大陆的交流之路。就这样，在食物和环境截然不同的情况下，绳文人开始在日本列岛沿着独特的方向演化。

目前，在京都盆地发现的最早文明就是由绳文人创造的。在不少出土的绳文时代陶器上，人们能够看到绳子留下的

① 冯玮. 日本通史［M］. 上海：上海社会科学院出版社，2012.

痕迹。这是远古人类在生产力水平低下时对美的一种追求，他们不满足于光秃秃的器具，尽管这些器具已经足够实用。于是，手边现成的工具——绳子，成全了绳文人的艺术之心。

当然，陶器上的绳文（纹）图案除美观外也具有实用性，比如增强摩擦力，在使用时不易打滑。不过那些拥有火焰造型的绳文陶器，明显表现出绳文人丰富的精神世界，而实用性之外的装饰，也体现了他们对审美的追求。正是因为这些有规律分布于各种土器上的绳文，这一时代才被称为绳文时代，才有了象征文明的绳文文化。

可以想见，当京都盆地渐渐从湖底露出，高野川、北白川、贺茂川等河流一边将湖底的水向外输送，一边将三面山脉的泥沙带往河谷出口处。山脚处扇子一般展开的冲积平原上，渐渐出现了绳文人的身影。在具有水乡风情的远古京都，绳文人过着采集、捕鱼和狩猎的生活，这是京都最古老的人类活动。

第二节　右京区的过去

弥生时代是日本继绳文时代之后的一段文明历程，大约开始于公元前3世纪。这一时期，以水稻种植为主的农耕文化得到迅速发展，这得益于众多漂洋过海的"渡来人"为日本带来了先进的生产方式。

日本列岛与亚洲大陆分离后，孤悬海上，相对封闭的环境令本土文明进程缓慢。不过即便海水阻隔了日本与大陆通过陆路交往的可能，也阻断不了古人乘风破浪的决心——随着生产力水平的提高，船只成为两方沟通往来的新桥梁。

尽管汹涌广阔的大海充满危险，但早在绳文时代，就有勇士乘船跨海而来到日本。可惜这只是少数，真正大规模的文化碰撞，是从弥生时代开始的。所以，是什么导致这种变化发生呢？

前文提及日本列岛孤悬海外，封闭的地理位置使日本本土文明发展缓慢，但这种缺陷反而在大陆陷入战乱时成为优势，使日本列岛成为真正的"避风港""桃花源"。

公元前3世纪，中国大地战火四起，秦王政逐步攻灭六国，完成统一中国大业，建立起中国历史上第一个封建王朝。然而，当全国百姓还未从战争的伤痛中走出时，秦朝的苛政无异于雪上加霜。最终，"仁义不施，而攻守之势异也"的秦朝仅延续二世就土崩瓦解。天下再次陷入混战，民不聊生。

正是在这种背景下，大量百姓携家带口逃往朝鲜半岛或日本列岛，他们在躲避战乱的同时，也将先进的农耕文化传播到这些地区。日本就在这时完成了原始文明向农耕文明的跨越，还直接跳过石器时代之后的青铜时代，迅速过渡到铁器时代。这些来自中国大陆的人也被称为"渡来人"。

渡来人的到来使日本文明进程开始加速，特别是北九州之类沿海一带，它们的速度几乎领跑全日本。而与这类沿海地带截然不同的内陆地区——京都，却因为东、北、西三个方向都被山脉阻隔，相对封闭而阻挡了渡来人的步伐，进而推迟了进入先进文明圈的时间。原本弥生时代的印记在京都寥寥，但当渡来人的脚步迈进内陆后，这里的文明画卷才正式铺展开来。日本著名学者林屋辰三郎在其著作《京都》中就曾说过："让京都盆地登上日本历史舞台的是5世纪以后中国和朝鲜移民在这里的定居。"[①]

京都市右京区是过去的太秦之地，曾是渡来人贵族秦氏的大本营。秦氏是众多渡来人中最具代表性的一支。据说在5世纪左右，自称是秦始皇子孙的弓月君带领一百二十县的民众离开朝鲜半岛到达日本，当时他将山背国的葛野地区作为落脚地，并带领民众对这里进行大规模的开发。

这项开发运动推进得非常艰难。虽然绳文时代早期就有古人类在京都盆地聚族而居，但生产力水平的落后，让绳文人在面对自然环境时更倾向依赖而不是改造。所以几千年过去了，京都盆地依旧四处是沼泽、湿地、池塘和涌泉，留给人类居住的地方不过弹丸。秦氏的到来让这一切发生了变化。

秦氏将先进的农耕技术运用到这片湿润之地，为了更好地发展农业，开垦和浇灌农田，他们在流经这里的桂川上建造大堰，既可使上游汹涌的河水在流至葛野地区时变得温和可控减少涝灾，也可蓄水保证旱年无忧。这样一来，葛野地区便凭借日益发展的农业，成为当时京都盆地最繁荣的地方。

秦氏对京都的贡献并不仅限于农耕技术和水利工程，他们在养蚕、纺织等方面也功绩良多。如今人们依旧能在京都市右京区看到的蚕社（也称"木岛坐天照御魂神社"），便是千

---

① ［日］林屋辰三郎. 京都［M］. 李濯凡，译. 北京：新星出版社，2019.

年前秦氏的功劳投射在现代社会的影子。

由于手中掌握着先进的生产知识，秦氏也曾引起日本其他豪强的盘剥。他们将秦氏民众分散驱使，为自己创造财富。这种境遇在雄略天皇①时才得到改善，分散的秦民再次聚集，被赐给当时秦氏的首领秦酒公，而秦酒公也被赐以太秦之姓。而这片由秦酒公坐镇，代表当时京都最高生产力水平的土地，也被人们称作"太秦之地"。

经过数代人的苦心经营，秦氏已经和掌握权力的统治阶级构建了良好的关系。圣德太子时期，他们的关系就已十分深厚。秦氏积极响应大和朝廷推广汉语系文化和佛教的政策，还获得圣德太子赐予的佛像，在葛野的九条河原修建了广隆寺（又名"蜂冈寺"）。之后桓武天皇迁都平安京，这座寺院也迁移至太秦如今的所在地。然而好景不长，后来秦氏在与藤原氏的竞争中落败，逐渐没落，而原本作为秦氏家庙存在的广隆寺，也转变为承载人们对圣德太子信仰的存在了。

虽然后来秦氏退出了政治舞台中心，但在桓武天皇时，他们依然具有不可忽视的力量。事实上，在桓武天皇第一次迁都中，秦氏就起到了关键性的作用。

延历三年（784），继位不久的桓武天皇决定将都城从奈良平城京迁往京都长冈京。长冈京是藤原种继、藤原小黑麻吕、佐伯今毛人等人为他选定的新都。在这些桓武天皇的得力助手中，藤原种继这位新都营建负责人的母亲就是秦氏族人，而藤原小黑麻吕的妻子也出身秦氏。至于迁都的主导人物

---

① 雄略天皇（418—479）：日本第21代天皇。

桓武天皇，则有朝鲜半岛百济的血统，对渡来人中最强大的秦氏有一种天然的亲切感，所以将新都建在山背国水到渠成。

不过，长冈京的国都角色只维持了仅仅十年，桓武天皇就再次决定迁都。其中缘由我们会在之后的章节讲述，现在还是来看秦氏在第二次迁都时的作用。

这次迁都，桓武天皇选址长冈京东北方向约十公里的葛野郡，也就是后来的平安京。不过葛野之地遍布河川，常年泛滥成灾就像个定时炸弹，使任何想在此地大展宏图的统治者感到头疼。在这样的背景下，秦氏杰出的治水能力就在新都营建过程中大有作为。同时，营建一座都城需要大量的钱财，秦氏不惜举全族财力支持新都建设，如果缺少底蕴深厚的秦氏支持，建都之难可想而知。

新都落成，日本的文明中心转移到三面环山的京都盆地，使山城国（山背国）实力超越大和国，成为畿内五国①的霸主。作为当时京都盆地势力最强的氏族，秦氏在迁都之初的风光可以想见。

可惜，在营建长冈京和平安京上投入太多财物，也成为后来秦氏没落的重要原因。起初秦氏本想将朝廷引进自己的领地，然后倾全族之力去打造一个符合自己心意的政权，但事与愿违，藤原氏迅速崛起，取代了它第一强族的身份。而在地理因素上，太秦之地又因湿地众多、小泉散布令开发停滞，渐渐人口流失荒废如初。就这样，左右京都发展的秦氏谢幕，京都人需凭借自己意志前进的时代来临了。

---

① 畿内五国：指山城国、大和国、河内国、和泉国和摄津国。

如今，人们来到京都市右京区太秦中部，还能在离广隆寺不远处看到一座名为"蛇冢"的古坟。"蛇冢"是京都盆地遗留的最古老的坟墓，相传秦氏的首领死后就被埋葬在这里。数千年过去，原本覆盖在石室上方厚厚的封土消逝在日晒雨淋下，暴露出由大约二十块巨石垒砌成的一个个石室。这些雄伟的巨石上满是沧桑的痕迹，让人不由得怀想秦氏一族的昔日辉煌。

第三节　缩小版"长安城"

迁都长冈京次年，负责长冈京建设的藤原种继遭暗杀。桓武天皇经过调查发现是旧都势力妄图谋反，于是将罪魁祸首大伴氏一网打尽。此事还波及当时身处长冈京的皇太弟早良亲王，他被废除太子之位，处以流刑。为证明自己的清白，在流放途中，早良亲王愤懑绝食，最后饿死。

自那以后，桓武天皇身边天灾人祸不断，先是他的母亲和皇后相继去世，而后皇太子也被宣告病危。不仅如此，长冈京洪涝灾害频发，尤其是延历十一年（792）发生的特大洪水，给长冈京左京带来巨大的人财损失。这时候，民间就有流言，说这一切都是因为早良亲王的怨灵作祟，于是桓武天皇便派遣使者前往早良墓前谢罪。可面对接连不断的灾害，民众抱怨四起，桓武天皇也为此寝食难安。为了安抚民心，摆脱怨灵的诅咒，迁都之事再次被提上日程。

延历十二年（793）正月，桓武天皇采纳了心腹之臣和气清麻吕的意见，在对地处京都盆地中央的葛野郡宇太村进行一番考察后，决定再次迁都。新都营建与迁都事宜同时进行。延历十三年（794）十月，桓武天皇颁布了迁都的正式诏书，并在诏书中向天下人表明新京地利："葛野大宫之地山川俊秀，四方百姓出入便利。"①

同年十一月八日，桓武天皇将山背国改名为山城国，并为新京起了一个寄托着祥和与安宁的名字——平安京。这个名字虽然没能让王朝平安延续，却使京都成为日本的千年古都，成为日本人心中永远的故都。或许，平安京的寓意早已跨越时间与空间，驰骋于日本人精神世界。

8世纪末，在国家最高领导者桓武天皇的意志下，京都盆地的建都行动轰轰烈烈地展开了。因为日本与中国隔海相望，自古以来就交往频繁，尤其是唐朝时的盛唐气象引得各方来朝，日本也在其列。当初的几位天皇屡次派出遣唐使到中国学习先进的文化，并带回日本广为传播。"唐风"席卷全日本，就连奈良时期的平城京都是以唐朝长安城为蓝本修建的，而平安京无论选址还是建造风格，也俨然一座缩小版的"长安城"。

首先是选址。京都盆地三面环山，东面有延历寺所在的比叡山和东山连峰，西面有爱宕山和西山连峰，北面也有层层叠叠的山峦。俯瞰京都盆地，北方中部的贺茂川自北向南笔直奔流，东部的高野川向南流泻而下，西部有发源自京都北山的

---

①　［日］奈良本辰也. 京都流年：日本的美意识与历史风景［M］. 陈言，译. 北京：北京大学出版社，2014.

桂川（因秦氏一族在桂川上修筑大堰，也称"大堰川"），南部有奔流不息的木津川，东侧有发源自琵琶湖的宇治川，众多河流在低洼地带汇合成淀川，穿过山谷流向大阪。

这样的地形非常符合中国古代建都选址"山河襟带、四神相应"的原则。人们很容易理解"山河襟带"——选定作为新都的区域被山川环绕，天然具备地理屏障和便捷交通。然而提及"四神相应"，绝大多数人就显得有些迷茫了。实际上，"四神相应"涉及中国古代择都的风水理念。"四神"分别为青龙、白虎、朱雀、玄武，四神相应则风水最好，也就是说东方有青龙，西方有白虎，南方有朱雀，北方有玄武。

仔细观察平安京，它的北方有象征玄武的北山连峰（从船冈山到丹波山地），东方有象征青龙的鸭川（由贺茂川和高野川交汇而成），西方有象征白虎的山阴道，南方有象征朱雀的巨椋池。[①]简而言之，就是北有山，东有河，西有路，南有池。

从平安京的地理特点，我们不难看出中国古代建都选址对日本的影响。事实上，平安京并非第一座按照中国建都理念选定的都城。之前的藤原京、平城京、长冈京等都城，都能体现出"山河襟带、四神相应"的中国择地理念。在反复迁都的过程中，日本将古代中国的建都选址思想运用纯熟，却也发展出本土化的特色风格。

在建造上，平安京模仿了中国唐代西京长安与东都洛阳。《帝王编年记》中有"（延历）十二年癸酉（唐贞元九

---

① 樱井龙彦，虞萍. 城市历史文化遗产的防灾民俗论——从日本古都京都出发的思考 [J]. 文化遗产，2009（03）：92–100，158.

年，即公元793年）正月十五日始造平安京，东京又谓左京，唐名洛阳；西京又谓右京，唐名长安"①的记载。

平安京的整体布局像纵长的围棋盘。南北长三十八町，约5200米；东西宽三十二町，约4500米，总面积比中国唐代长安城面积的四分之一要多一些。平安京模仿唐朝坊制的城市布局被称为"条坊制"，整个都城被纵横交错的道路均匀划分成一个个边长为40丈（约120米）的正方形町。町是平安京中最小的区域，据统计，除了平安京的中心地区——位于正北方的大内里外，平安京应有1136个町。比町大一些的是保，一个保由四个町组成，而四个保也就是十六个町组成更大的区域——坊。②

在平安京的中轴线上，有一条与唐长安城一样的朱雀大街。这条朱雀大街长约3800米，宽约84米，从道路南端的罗城门极目远眺，道路北端的大内里正门朱雀门隐约闯入人们的视线之中。朱雀大街两侧种植着排排垂柳，春天柳树吐露新枝，柔嫩的柳丝在微风中轻轻摇曳，长长的枝梢拂过整洁的大路，为略显威严、寂静的平安京增添了几分柔和与活力。

人们如果登上京都盆地北面的船冈山，站在山顶上眺望整个平安京，会很自然地察觉大内里坐北朝南，由笔直宽阔的朱雀大街一分为二。整座城市以朱雀大街为中轴线对称分

---

① 韩宾娜. 日本历史上的迁都与社会转型［D］. 东北师范大学，2006.

② ［日］高桥昌明. 千年古都：京都［M］. 高晓航，译. 上海：上海交通大学出版社，2016.

布，道路左边是左京洛阳，右边是右京长安，看上去就像缩小版的"长安城"，难怪总有人感叹京都尽显长安古意。

平安京有很多宫殿、街道、条坊的名称与唐长安和洛阳相同或相似。朱雀大街和朱雀门自不必说，另外还有天皇办公的太极殿（大极殿）、东市、西市、崇仁坊、永昌坊、教业坊、永宁坊、丰财坊……①如果拿一幅唐朝时长安和洛阳的城市规划图与平安京进行对比，相信人们能更清晰地看出它们之间的联系。

平安京虽是仿照中国唐朝名城而建，却没有修筑外郭，是一座只有内城而无外郭的城市。在之后一千多年的发展中，这种特点为京都不断向周边拓宽酝酿了无限可能。有外郭的京城虽然在军事上更添一层屏障，能够更有效地阻隔外敌，也能为城内的中央政权增强威势，但同时也使得城市的政治属性格外鲜明。在这样的环境下，一些独具活力的因素，譬如文化和工商业极易受到限制，难以萌芽、茁壮生长。

除平安京外，日本此前的都城如平城京、长冈京等，也没有修建外城墙。不筑外郭，或许是因为日本最高权力的交接相对温和，少有攻城略地这类场面发生。追溯日本都城在平安京以前的迁移史，可以发现虽然日本都城频繁改迁，但没有哪次是以"革命"思想为动因的。②未来，天皇的权力被逐渐架

①　王仁波. 日本的千年古都——平安京［J］. 文博，1987（04）：82-87.

②　韩宾娜. 日本历史上的迁都与社会转型［D］. 东北师范大学，2006.

空，作为虚君和精神权威世代延绵，而平安京作为天皇的居所，也成为日本人精神世界的故园。

第四节 从平安京到京都

虽然规划中的平安京是一座完备的都城，然而事实上这项建都工程还未竣工就被终止。桓武天皇连续两次迁都，耗费了大量的人力、物力、财力。如延历十六年（797）三月，远江、骏河等国约有两万百姓被强制征调来此参与都城建设，三年后，又有约一万名来自山城、大和等国的百姓被征调充当新京建设的劳力。

为了营建平安京，原本笔直流淌的贺茂川被人为地改变了流向，向东与高野川汇合成鸭川。同时，由于新京营建需要大量木材，为了使运输更加便捷，堀川这条人工运河就从鸭川分流出来，流经神泉苑的东部，在穿过城市街道后又回归鸭川。

水量充沛的堀川运河开凿成功后，平安京的居民无论在生活用水还是在生产耕作用，都比此前更为方便。但是正如一块硬币拥有正反两面，运河修建所需的大量劳力也不得不由民众承担。

《日本后记》中有这样的记录：延历十八年（799）六月二十三日，酷暑中，犯人们背负着沉重的刑具开凿堀川，汗如雨下，这般繁重的劳动，连桓武天皇看到后也不由得怜悯，为他们颁布了恩赦的诏书。[①]更使民众不堪重负的是，在营建新都的同时，朝廷还派出军队征伐不服从中央政府统治的虾夷人，于是一边是兵役，一边是劳役，自家的田地都无暇顾及，百姓怨声载道。

平安时代之初的建都和战争让桓武朝廷元气大伤。延历二十四年（805）十二月，桓武天皇在与朝中重臣展开"天下德政"讨论后，终于停止了这两项劳民伤财的行动。次年正月，主导迁都大业的桓武天皇缠绵病榻，在三个月后结束了其七十年的人生。

平安京的建设彻底终止了。还未完工的地方包括左京的东南部、右京的西北和西南部。右京的市区化程度最低，大部分地区甚至连道路都没有修建完毕，仅约四分之一的地区实施了条坊制，加上这里遍布沼泽和湿地，又没有足够的人口进行开发，所以不久右京就渐渐荒废了。

荒废的不只是右京，就连原本作为天皇住所的内里也同样如此。不过内里的荒废并非由于自然环境不佳，也不是未完成修建，而是王朝没落的尾声。进入12世纪，日本的时代舞台上中世的大幕缓缓拉开，武士阶级这一新主角登场，从此平安京逐渐褪去了其作为古代律令制的政治都市色彩。

作为内里中心的紫宸殿，曾是天皇处理政务和举行大臣任命仪式的场所，而作为天皇寝殿的清凉殿，以及后宫妃子居住的丽景殿、飞香舍等宫殿都集中在内里。在王朝权势强大的

---

① ［日］高桥昌明. 千年古都：京都［M］. 高晓航，译. 上海：上海交通大学出版社，2016.

时期，内里的地位很高，但是随着律令制的逐步瓦解，王朝权力旁落，内里也渐渐被忽视。这从其重建频率就可看出一二。

从长德五年（999）至长和四年（1015），内里遭遇了6次火灾，每次又快速得到重建。然而同一世纪的后半期，这种迅速的恢复就不再发生，内里多半时间都保持着被烧毁的状态。虽然12世纪前半期内里没有遭受火患，但是依旧荒废到只剩仁寿殿还在继续发挥着它的功能。[①]

由于右京荒废，所以人口不断向左京集中，甚至越过了平安京原来的规划区域，向鸭川东部扩张。

白河院时期，平安京东北方向的白河地区得到快速发展。这里过去是藤原赖通的别院所在，森林众多、水流清澈，但人烟稀少，是个幽静的场所。后来白河院将院厅定在白河殿，并在附近大兴土木，建造了以法胜寺为代表的、拥有标志性建筑八角九重塔的六胜寺[②]。公卿们也纷纷将邸馆建在这里，整个白河地区欣欣向荣。

白河地区因成为院政的中心而得到了发展，拥有类似机遇的，还有平安京南部的鸟羽地区。

京都盆地地势北高南低，鸭川向西与桂川合流注入淀川的地方，就是鸟羽所在。白河院非常喜爱这个湿地众多、自然风光绝美的港津，并在这里修建了一座离宫。从《荣花物语》的片段中，我们能够想象鸟羽离宫当初给京都人带来的震

---

① 王仁波. 日本的千年古都——平安京［J］. 文博，1987（04）：82-87.

② 六胜寺指法胜寺、尊胜寺、最胜寺、圆胜寺、成胜寺、延胜寺。

撼："占地十余町而造，十町为池，远远地有四方之海之气色，舟浮于此，甚是美丽。"①后来，鸟羽院将这里作为院政的政厅，得此机遇，鸟羽地区很快繁荣起来。

院政时期，日本的政治中心实际已从大内里转移到白河与鸟羽地区。围绕着离宫，众多寺院、邸馆等建筑如雨后春笋般冒出来，人口也向这些地区迅速聚集。权力中心的转移促进了这些地方的商业发展，与政治色彩浓厚的大内里相比，白河与鸟羽作为当时实质上的政治中心，却没有给人浓厚的距离感，反而显得亲近而具有活力。

这一时期因为平氏的崛起，南北白河间的川东地区得到了发展机遇。川东地区最初是市民墓地的入口，对比平安京不过是荒凉的郊外。后来平氏成为院政的重要支柱力量，在南白河地区建起了长约870米，宽约550米的邸馆，构成了规模庞大的街区。平氏手握大权后，这一地区又得到了开发，向平安京以东、以南地区扩张的趋势愈加明显。

平安京在什么时候完成了向京都的转变呢？现存典籍中，最早将"京都"作为地名记载的是《吾妻镜》②。由此推测，"京都"这一固定称呼，大概形成于12世纪的平安时代后期。③

---

① ［日］林屋辰三郎．京都［M］．李濯凡，译．北京：新星出版社，2019．

② 《吾妻镜》：编年体史书。作者不详，推测为镰仓幕府官员所编。书中记载了镰仓幕府早期以幕府将军为中心的各种活动。全书共五十二卷，记事详细、全面、包罗广泛。

③ 余干生．藤原京·平城京与京都文化——日本都城史纪略［J］．外国问题研究，1995（Z1）：56-63．

可以理解，当平安京的政治属性逐渐削弱，取而代之的是更符合京都人心意的民众之城。这时候，平安京的"京"已不像藤原京、平城京、长冈京的"京"那样，仅代表着日本的都城，而更多地倾注了京都人的心血和感情，向更有活力的都市转变。由此，"京都"也渐渐取代"平安京"，成为一个固有的地名在历史长河中熠熠生辉。

第五节 都市空间的巨变

如上所述，平安时代后期，京都的重心向左移动了。这种移动是京都在发展过程中的一种自主性变化。原本为律令制国家规划的平安京因为律令制的瓦解而衰落，而由人的意志圈定的城市区域，最终又在人的意志下自发移动。这种现象在律令制解体、京都政治功能渐渐衰弱以后变得更加明显。

首先是商业发展带来的城市布局变迁。原本位于大内里东部一带的官府町，由于律令制官厅部门的缩小和停运而陷入沉寂，居住于此的手工艺人纷纷流动到南部三条、四条和七条大路与町尻小路交会的地方，使这一带人口越来越稠密，成为繁荣的商业街区。

而原本就处于未完全开发状态的右京，土地耕地化面积日益增大，就连朱雀大街都丧失了人类道路的通达作用，成为驱使牛羊进出右京的小路。大宫路以西被贵族开发为庄园，近卫家的小泉庄园就是其中之一。只有二条路以北、内里周围的地方仍保留最初政治功能。于是乎，以二条路为分界，京都被分成上京和下京两部分。上京是天皇和贵族公卿们活动的主要场所，镰仓时代开始也有监视朝廷的武士在此驻守；下京则是众多工商业者的群英会，他们的买卖如火如荼，熙攘市声不绝于耳。虽然这时上、下两京风格迥异，但仍为一体，毕竟京都的灵魂是由上京的上层社会与下京的市井百态结合而成的。

这种微妙的平衡，在15世纪后半期发生的应仁之乱中被打破。

应仁元年（1467），因为幕府将军足利义政的承嗣问题，京都陷入了分裂战争中。五月的御灵社之战是混战的号角，随后整个京都都被战火席卷，大半个日本都未能幸免于难。

这场为期十一年的动荡使京都几乎瓦砾无存。根据《应仁略记》的记载，应仁之乱中的三次大战导致京都"二条以北，北山东西皆烧为荒原，些许幸存之处，唯余将军之御所"，就连土御门内里和院御所都被改造成了军营。①

文明九年（1477）应仁之乱结束，但是战争的余波还未平静。经战火焚烧的经济萎靡不振，民众的正常生活难以维系，盗贼横行，抢劫、纵火等事件更是频频发生。虽然下京在应仁之乱中受到的破坏比上京小，但相对富裕的工商业者也更容易引起盗贼的觊觎。

明应三年（1494）七月，北至三条坊门小路、东至乌丸小路、南至五条大路、西至堀川小路的大部分区域被盗贼团焚毁，下京几成废墟。但盗贼的气焰依旧嚣张，上京也在明应九

---

① ［日］高桥昌明. 千年古都：京都［M］. 高晓航，译. 上海：上海交通大学出版社，2016.

年（1500）折损于抢劫时的纵火。在战争、火患、瘟疫等天灾人祸的侵扰下，又加上战后兵力的撤退，京都的城市规模急剧缩小。

这之后没多久，上京与下京间出现了近两千米长的田园地带，被土垒包围的两京几乎被完全割裂了，仅能通过南北走向的室町小路勉强实现沟通。东西向的二条大路取代了原本的城市中轴线朱雀大路，成为京都最重要的街道。"以武家为中心、公家和寺院神社人员居住的政治色彩浓厚的上京，和作为商业地区的下京，说是两个城市也不足为奇。"日本历史学家高桥昌明在其著作《千年古都京都》中如是说。

京都的荣光褪去，可它一直在黑暗中默默蓄积力量，等待曙光再次来临。

永禄十一年（1568）随足利义昭上京的织田信长英勇神武，似乎就是光明的使者，可他对于建设京都并不上心。他让信赖的幕僚村井贞胜担任京都奉行，实施对京都的统治，他自己则忙着在各地征战。与京都相比，织田信长明显更偏爱他的大本营岐阜或安土。因为直到他在本能寺之变中死去，计算下来，他统治京都的十五年间，在京都的时间仅八百天左右。[1]

真正使京都得到复兴的，是结束了战国时代，使日本实现统一的丰臣秀吉。与对城市建设漠不关心的织田信长不同，丰臣秀吉擅长与富有的町众合作以稳固政权，也更会想民所想。在他的示意下，京都修建一新，重焕光彩。

① ［日］高桥昌明. 千年古都：京都［M］. 高晓航，译. 上海：上海交通大学出版社，2016.

第六节 丰臣秀吉的京都

丰臣秀吉的京都改造宗旨是将这座城市建成城下町①。为此，他对京都进行了大动作。天正十四年（1586），丰臣秀吉担任关白的第二年，他开始在京都大内里东北方的内野修建自己的宅邸——聚乐第。新居之名，有"聚天下长生不老之乐"的寓意。

一年后，聚乐第竣工。这座在平地上拔起的城堡，既有内郭也有外郭。内郭西北方的天守阁静默矗立，角楼和城墙都有闪闪发光的金箔瓦装饰。外郭之外，静静流淌的护城河上，有座通往聚乐第正门的大桥横卧……当时的巍峨景象，如今人们只能通过典籍中的只言片语和残存的遗迹推测一二了。然而，这座庞大的建筑仅存在了八年，就随着新主人丰臣秀次的逝去而被拆除。

天正十五年（1587），丰臣秀吉围绕新建成的聚乐第建起了聚集各国大名的武家町。其后的天正十八年（1590），丰臣秀吉又重建了土御门东洞院内里的主要建筑，并使公家的宅邸集中在附近，整编为公家町。

除了以上对京都权力中心的改造，丰臣秀吉还对京都的街道进行了重新规划。平安时代，町被大路和小路划分成规范的正方形，内部区域封闭，仅在东侧或西侧有出口，也就是二面町。院政时期，围绕在町周围的隔墙被拆除，东西南北四

---

① 城下町：即以领主居住的城堡为核心而建立的城市。

个方向都设有出口，形成四面町。镰仓末期，街道两边联系加强，町转变为夹道的龟甲形，中间留出很大空地，被称为"两侧町"。

天正十八年（1590），为有效利用这些町内的空地，丰臣秀吉为寺町、高仓之间，以及堀川以西、押小路以南等地区，每隔半町增设了一条南北向的道路，使原本为正方形的町变成了长方形。这也是如今京都市街道的雏形。

丰臣秀吉还将京都市内零散分布的寺院，集中迁移至鸭川西岸的寺町和大宫通西侧的寺之内。此举一方面加强了中央政权对佛教势力的控制，另一方面这些集中的寺院位列鸭川西岸，正好能与建成的御土居共同承担京都的防御职能，"甚至说这些寺院是守卫京都的堡垒也不为过"①。

天正十九年（1591），或许是为了规避东部鸭川和西部纸屋川泛滥给民众带来的灾难，也或许是为了重新划定京都的城市区域，总之，丰臣秀吉在上京和下京之外修筑了总长约23千米，宽约20米的御土居，并在御土居之外修建了护城河。平安时代没有的罗城②，在丰臣秀吉的时代以堡垒的形式出现在了京都的外围。

以御土居为界，里面是京内（也称洛中），外面是京外（也称洛外），原本存在于上京和下京间的荒凉地带，也被纳入京都的整体规划中。以往分裂的京都在他手中再次聚合成统

---

① ［日］林屋辰三郎. 京都［M］. 李濯凡，译. 北京：新星出版社，2019.

② 罗城：指城墙外另修的环墙。

一的整体。

天正十九年（1591），丰臣秀吉让关白之位与养子丰臣秀次，并将聚乐第送与养子作为居城，他则以太阁身份迁往伏见城。伏见地区风景优美但交通不便，原本只是作为秀吉的隐居之城被打造，并没有投入过多的精力，改建范围也只在巨椋池边的指月山丘。

然而随着亲生儿子丰臣秀赖的诞生，养子丰臣秀次的继承人位置岌岌可危。文禄四年（1595），丰臣秀吉勒令丰臣秀次切腹，其妻子与家臣被处决大半，宅邸聚乐第也于八月被全面拆除。自此，统治中心由聚乐第转移至伏见城。

伏见城的崛起多亏了丰臣秀吉的良苦用心，他将该地的丘陵和池沼巧妙地改造为新城的防御屏障，使流经此处的宇治川改向，从巨椋池东绕向北面，令新城在水陆两方面都确立了交通要冲的重要地位。旧宅聚乐第中的大部分建筑被复建至伏见城，附近的大名宅邸也陆续被转移到这里。

随着新城规模的不断扩大，伏见城的光明前路越来越明晰。不少大名相继在这里建起宅邸，嗅觉灵敏的商人们察觉到商机，很快聚集在这座崭新的城市，填补了城市活力的重要一环。伏见城也如聚乐第一般，从城下町的形式迅速获益，逐步壮大。

不过在丰臣秀吉有生之年，伏见城未能长久繁荣下去。庆长元年（1596），一场大地震袭击了京都，从三条到伏见地区受灾严重，大量的房屋在地震中垮塌，无数人在废墟中丧命。虽然伏见城在震后很快得到重建，但地震时那些建筑着地的声音仿佛已经为这座城和丰臣秀吉敲响了不祥的丧钟。

庆长三年（1598），实现京都巨变的丰臣秀吉在伏见城内逝世。他死后，德川家康坐上了伏见城的头把交椅，将之打造为幕府在畿内的据点。

德川家康作为伏见城的新主人，四年的积淀并未令他与这座城产生情感共鸣。元和九年（1623），经历了地震、战火等灾祸的伏见城被幕府无情拆毁，后来城中诸多建筑也被移至别处，如唐门和大书院被移至西本愿寺，天守阁被移至二条城。

眼看伏见城被弃，周围青山也失去打理，山与城的界线消失，这里重归自然。17世纪下半叶，人们在山上种植了几万棵桃树。花期一到，满山遍野都是夭夭桃色，吸引了不少人慕名前来。继曾经的幕府名城，"桃山"成为伏见的新名片，丰臣时代的繁华反而被落花埋在了地下。

第七节　二条城和高濑川

江户时代，日本的政治中心从京都转移到了江户，同时京都的焦点也从伏见城转移到了堀川通附近的二条城。

在庆长五年（1600）的关原之战中，德川氏作为最后的赢家，成功取代丰臣氏成为日本实质上的政权掌控者。庆长七年（1602），德川家康在上京和下京间，面向堀川通修建了二条城。原来在这片区域活动的商人被驱逐，约有四町左右的空间被清理出来，用来建设二条城这座平地城堡。

仅用了一年时间，二条城就建成了，德川家康本在京都的宅邸也被转移到城中。同一年，后阳成天皇诏封德川家康为征夷大将军，德川幕府正式开设。而二条城，也成为德川幕府第一代将军德川家康守卫京都御所和进京拜见天皇时的住所。

原本的皇家禁苑神泉苑在二条城的修建过程中被破坏。这个古老的、由湖底涌泉构成的巨大苑池，北部区域被大面积填平，后来又被周边的宅邸寸寸蚕食，缩小到只有半町左右。完工的二条城威严肃穆、富丽堂皇，拥有东西约500米、南北约400米的石墙，墙外还开挖了绕城的水渠，整个盘踞在京都御所的西南方向，时刻昭示着德川家族的庞大权势。

虽然日本的话语权德川幕府已经胜券在握，却仍没有放松对京都的控制。德川家康在京都设置了京都所司代，"统管朝廷、公家、寺院神社，负责京都市内和畿内五国和近江、丹波、播磨共八国的诉讼、官司、治安，还包括统治西国"①。二条城的北面，规模庞大的所司代官邸聚集于此。

其实二条城建成初期，德川氏还未完全实现对京都的统治。退居大阪的丰臣氏并不甘于就此沉寂，虽然关白丰臣秀赖早在庆长十六年（1611）就在二条城向德川家康表示了臣服，但这只是一种暂避锋芒的蛰伏。卧榻之侧岂容他人鼾睡，德川家康不见得就被丰臣秀赖迷惑，他分别于庆长十九年（1614）和元和元年（1615）从二条城派军攻打大阪城，也就是后来有

---

① ［日］高桥昌明. 千年古都：京都［M］. 高晓航，译. 上海：上海交通大学出版社，2016.

名的大阪冬之阵和大阪夏之阵。硝烟过后，丰臣氏势力不复存在，日本自应仁之乱开始的战国时代也就此终结。

放眼日本，德川幕府已无敌手。元和十年（1624），第三代幕府将军德川家光为迎接后水尾天皇的行幸，对二条城进行了扩建。二条城内四周环绕着内护城河的本丸，以二之丸御殿为中心的殿舍园区二之丸，以及天守阁等建筑渐成如今的规模。扩建完毕后，后水尾天皇于宽永三年（1626）行幸，停留五天后才离开。

花无百日红，庆应三年（1867），德川幕府最后一任将军德川庆喜在二条城内将政权移交给明治天皇，至此延续了264年的德川幕府统治画上了句号，江户时代走到了末路。

高濑川的起点位于二条城正对面的二条街。如今，为了纪念这条连接京都中心和伏见区的重要运河，人们在这里放置了高濑舟的模型。江户时代，无数运载着大量货物的高濑舟从这里驶向下游的伏见，又从伏见满载而归，给京都这座城市的发展提供了巨大动力。大正九年（1920），伴随琵琶湖疏水工程的开通，高濑川水运被废止。在这之前的三百多年，它一直尽职尽责地扮演着为京都带来新风的"黄金水道"角色。

高濑川的开凿稍晚于二条城的建设。庆长十六年（1611），京都的豪商角仓了以在征得德川幕府同意后，"以二条樵木町（今木屋町）为起点，在东九条村（今在市内）的西南建河道，使其与贺茂川汇合，继而从贺茂、高濑两河汇合处横穿贺茂川，通过竹田村，在伏见流入淀川"①。全长10多千米，宽7米左右的高濑川竣工后，从大阪来的船只可以通过这条新运河直达京都中心，此前则要绕行鸟羽，花费更多时间。

角仓了以还在高濑川起点附近修建了宅邸，宅邸附近则是作为高濑川上游物资集散地的"一之码头"。运河的物资运输权被握在角仓家族手中，高濑川也成了名副其实的角仓所有物。

追究高濑川的修建源头，是因为角仓了以看中了伏见地区的巨大潜力。尽管伏见城的辉煌已成为过去，但此时的伏见地区在交通和商业方面仍然保持较高地位。德川幕府统治日本阶段，实施幕藩制度，连接淀川琵琶湖水运和濑户内海水运的大阪接过日本商业中心的锦旗。而伏见地区作为京都和大阪间的港町，蕴含的巨大价值不言而喻。

此外，角仓了以的财富也与伏见地区新兴的酿酒产业息息相关。因为酿酒需要大量资金，所以酒坊常常兼具土仓的金融功能。角仓了以的万贯家财正是通过经营土仓而来。此外，他还在官方许可下从事日本与南洋间的海外贸易，发展成京都势力强大的商人。庆长十一年（1606），角仓了以在山城国与丹波国间开凿大堰川，促进了两地间的水路运输发展。此后他又疏浚了富士川，开凿了天龙川，疏通了贺茂川……到开凿高濑川时，角仓了以已经具备丰富的土木工程经验。

---

① ［日］林屋辰三郎. 京都［M］. 李濯凡，译. 北京：新星出版社，2019.

开发和维护高濑川耗资巨大。高濑川全流域的土地都由角仓家自费购买，除此之外，河两岸的土地每年都要向幕府上缴贡银。不过利益也是可观的："每年九月到次年四月是京阪间运输最为繁忙的时期，航行总船数为159艘（沉船1艘，以后未得许可），每艘船一次征收船费两贯五百文，其中一贯文上交幕府，二百五十文支付船只加工费，另一贯二百五十文为所得。"①这样看来，高濑川为京都创造的经济价值无疑是巨大的。受益者不仅是角仓家族，京都市内，还有好几处高濑川的码头，如米滨、内滨、富滨等，就连作为京都文明开化摇篮地的岛津也受益于高濑川的货物运输之便。

高濑川的水运被废止后，京都展开了是否填埋这条曾经的黄金水道的争论。大正九年（1920），为保护高濑川，沿岸的运输业者和旅客成立了高濑川保留同盟会，后来又发展成城市规划反对同志会。

在京都新的城市规划中，如果将木屋町街作为贯通南北的主干道进行扩建和改造，势必要填埋高濑川，而扩建木屋町旁的河原町街，虽然不用填埋高濑川，但会受到相关利益集团的反对。

在反复讨论中，京都人对高濑川的历史文化价值越发认同。大正十年（1921）六月，河原町的扩建方案被通过，木屋町得以维持原貌。高濑川成功地渡过了这次危机。更令京都市民高兴的是：位于高濑川起点的一之码头在昭和九年（1934）

---

① ［日］林屋辰三郎. 京都［M］. 李濯凡，译. 北京：新星出版社，2019.

被指定为历史遗迹，从而得到了妥善保护。

如今，人们行走在整洁、清静的木屋町街，能够自在地欣赏道路两旁的优美风光。水流平缓的高濑川从街旁缓缓流过，带人们重览那段舟楫往来、人声沸腾的昔日繁华。

第八节　从"花之田舍"到现代之都

江户时代中后期，京都渐渐没落。政治中心早已转移至江户自不必说，经济也被大阪超越。宽文十二年（1672），河村瑞轩对西向航线进行了改良，在此之前，日本海一侧的物产要通过敦贺和小滨，然后从琵琶湖进入京都，航线改变后，这些物产只需经日本海、关门海峡、濑户内海就可直达大阪，京都的重要性不再明显了。

从京都和大阪在火灾后的重建效率对比中，我们也可以看出京都的衰落。享保九年（1724），京都和大阪都遭受了严重的火灾，城市几乎成为一片废墟。但是，大阪很快完成了重建，京都却几乎荒废了。

江户时代中期，神泽杜口的随笔集《翁草》中有对两城火灾后场景的记录："……一十四年造访大阪。火灾之后，新建筑频兴，尤其是住宅，皆光芒闪烁。临时搭建之住宅已然不见了踪影，变化颇大。火灾之后仅六年即恢复了大阪原貌。复观如今洛中情形，中京繁华，然而其周边，人们租房而居，町上不少房屋尚未安装门窗，荒地随处可见。"

京都的经济已经衰退到无法支持火灾后的城市重建，难怪江户的狂歌师二钟亭半山会在其所著的《京物语见闻》中表示："花之都已是两百年前的往事，如今乃是花之乡。作为乡野倒尚显风雅。"这时候在江户人眼中，昔日繁华的都城竟然沦落为稍显风雅的乡野了。

祸不单行，天明八年（1788）发生的大火又给了京都一记重拳。1400多个町，近4万家屋舍在大火中化为乌有。京都遭此打击，几乎一蹶不振。

随着倒幕运动的高涨，京都似乎回归了日本政治舞台中央。然而，就在京都人为国家政权重新回归天皇手中而欢欣鼓舞时，京都的都城之位却被夺走了。过去，京都虽几经战火，数次成为废墟，但都城的地位从未动摇。凭借深厚底蕴，生命力顽强的京都多次如凤凰般浴火重生。然而这次，它似乎陷入了绝境。

迁都后，失去天子脚下优势的京都以肉眼可见的速度迅速衰退了。明治五年（1872），距离明治二年（1869）的迁都仅三年左右，京都"人口就由近代中后期的约35万剧减到22.6万人"[1]。

天皇和公家移居东京，有能力的商人和民众也纷纷向东京转移。当初在京都御苑周围聚集的众多公家宅邸，现在也快速分崩离析了。

迁都一事对京都众多的神社和寺院也造成了巨大的冲击，之前得到幕府认可的领地和贵族进献的土地被新政权没

---

[1]　黄婕. 从日本京都看古都文化环境与地域经济发展［J］. 洛阳师范学院学报，2013，32（03）：84-87.

收，经济窘迫不少，甚至连卖豆腐的小贩都因担心寺院付不出豆腐钱而不敢到附近叫卖。

当京都衰败到一定程度时，京都的市民反而被激发出了斗志。

作为曾经的千年都城，京都在经历了迁都之痛后，从传统的历史文化中汲取力量，如饥似渴地吸收现代化的体系和技术，终于在低谷中"触底反弹"。奈良的前车之鉴使京都人警觉：不能让京都成为第二个奈良！

在京都失去都城地位后，京都府很好地扮演了拯救者的角色，采取一系列强有力的措施将京都从消沉中唤醒。如迅速给予因迁都而大受打击的西阵以紧急改善补贴，出台新的产业计划，促进友禅染、西阵织、清水烧这样的乡土产业近代化等。尽管如此，由于一开始京都没有城市自治权，所以在很多变革方面显得有些被动。

京都作为日本曾经延续千年的都城，在失去了都城的地位后，为什么连自治权都不再拥有了？这就不得不提及1868年开始实施的明治维新。为了建立统一的中央集权国家，革新派通过明治维新废除了封建割据的幕藩制度，建立了府县制度，京都府是最先成立的三府之一，而京都则是其下辖的行政单位。如此一来，京都要实施什么城市政策，都要事先上报府知事，经过批准后才能实施。京都发展的自由度受到了很大限制。

为了能够更加灵敏地捕捉时代发展的新机遇，京都积极争取，终于在明治二十二年（1889）成立了京都市。京都市是日本最早成立的市之一，其范围相当于如今的上京区、中京区、下京区、东山区，部分北区和左京区的地区，以及一些市区附近的农村地区。京都市的市长由京都府府知事兼任，京都因而获得了较大的城市自治权。

此后不到十年，京都市从京都府分离，成为独立的组织，获得了更高的自由度和更广的发展空间。京都新的市长选举制下选出的第一任市长是内贵甚三郎，他雄心勃勃，提出将京都打造成为拥有百万人口的都市。在他的构想中，为了实现这一目标，就要扩大市区范围，使京都各个区域实现特色化发展。尤其在发展的同时，不能破坏东山的自然和历史景观。京都就像日本的公园，代表了日本的特色，坚决不能放弃保护名胜古迹这项事业。

在内贵甚三郎之后，京都市的第二任市长西乡菊次郎于1904年上任，并提出在京都实施琵琶湖疏水二期工程建设、道路扩建和电车轨道铺设工程建设这三大事业建设，使京都的经济彻底得到振兴，市区范围也向整个京都盆地蔓延。

京都是日本传统的山地城市。千年来的都城地位使老城区拥有了深厚的底蕴。虽然在一定程度上，这些扎根在老城区中的丰富的历史文化遗迹阻碍了京都的近现代化发展，但更为重要的是，它们正是京都区别于日本其他工业化城市的特殊魅力所在。

近代京都的城市变革，在兼顾了老城区历史遗迹保护的同时，还围绕着城市的中心区，将密集的城市交通网络建设向郊区辐射。老城区的文化得以保护，郊区的基础设施也得以完善。京都的这种尝试无疑取得了巨大的成功，为有类似背景的城市提供了借鉴经验。

通过三大事业建设，京都的传统产业得到了振兴，市区"面积由31.28平方千米增到60.43平方千米，人口也由10万增到66.9万余人"[①]，被纳入市区范围的郊区在昭和时期（1926—1989）迅速城市化。

京都最初的都市计划于1922年实现，这以后就开始进行现代城市的规划，在迁都64年后的1932年，京都人口首次突破了100万的大关，正式成为人口百万的城市。[②]种种现象表明，经历了连番战乱、灾害与危机的京都，非但没有彻底沦为"花之田舍"，反而成为日本近现代化浪潮中一座活力满满的现代大都市。

① 黄婕. 从日本京都看古都文化环境与地域经济发展［J］. 洛阳师范学院学报，2013，32（03）：84-87.

② 刘群艺. 百年"京都策"：明治维新后京都的复兴之路［N］. 第一财经日报，2018-07-23（A10）.

第二章　京都的主人

就像每一个国家的都城一样，京都作为千年王城之地，免不了名利角逐和政权争夺。天皇、贵族和武士争做京都的"主人"，在历史舞台上引领一次次变革。

平安时代无疑是以天皇和上流贵族为主导的。迁都平安京后，桓武天皇与儿子嵯峨天皇积极倡导中国的文教思想和典章制度，强调自己的统治是天命所归，奠定了天皇制基础。但是到了平安时代中期，庄园的兴起导致律令制崩坏，藤原氏作为外戚干政，一步步架空皇权。日本进入历史上著名的摄关时期。

在中央与地方各种势力的相互角逐中，武士阶层迅速崛起，并且凭借上皇的依赖渐渐跻身权力中央。建久三年（1192），源赖朝建立了日本第一个幕府——镰仓幕府。从这时候开始，日本正式进入武士时代，京都也笼罩在了武家政权的天空之下。然而，武士阶层虽然掌握了权柄，却并没有推翻天皇的统治，天皇的精神权威作用仍世代维系着。

在政权斗争之外，我们也不能忽略构成这座城市的主体——庶民。这些生活在町内的市民，不仅是城市经济活力的源泉，也在文化社会中发挥了日益显著的作用。颇为有趣的是，当我们回溯过去，还会发现，今天的京都人身上依旧保有过去的脾气。

第一节 菊花王朝

"神的后代"

迁都平安京后，桓武天皇所做的一件重要之事，便是全面积极地引入中国的思想和制度。其中，中国的"德政""天命"思想和"祭祀帝皇祖宗"概念被桓武天皇和嵯峨天皇吸收消化，成为强调自己统治合理性的工具。他们积极修史，并在各种文学作品里神化自己的祖先，同时举办参拜先皇的祭祀仪式。[①] 如此一来，天皇世系的后人便拥有了与生俱来的"神"的权威，更方便他们巩固封建社会秩序。

这种方式的源头可推演至奈良时代的两本史书：《古事记》[②] 和《日本书纪》[③]。两部书都记载道，日本的开国鼻祖

---

① 胡炜权. 菊花王朝两千年日本天皇史. 杭州：浙江人民出版社，2020.

② 《古事记》：是日本最早的历史书籍。由太安万侣编撰，于和铜五年（712）完稿。内容包含"本辞""帝纪"两个部分，分"上卷""中卷""下卷"。

③ 《日本书纪》：原名《日本纪》，由舍人亲王等人所撰，于养老四年（720）完成。全三十卷，一卷和二卷讲神话时代，三到三十卷从神武天皇讲到持统天皇，采用汉文编年体写成。

神武天皇，乃是天照大神（日本太阳女神）的五代孙。神武天皇的曾祖琼琼杵尊受命下凡，与凡间女子结合，从此定居于九州一带。神武天皇时期，他因不满偏安一隅，便带领族人东征，最后辗转来到大和国①，打败当地部族首领，于公元前660年在橿原宫即位，建立了大和政权。

神武天皇的出生记载显然饱含神话色彩，这与很多古代部族首领的传说相似。此外，按照书中记载，神武天皇在位79年后病逝，推算他享年127岁，同理可得第五代孝昭天皇活到114岁，第六代孝安天皇活到137岁，第12代景行天皇活到143岁……从神武天皇到仁德天皇的16人中，百岁以上者竟达12名之多②，不消细究，这也是不可信的。

依据目前的研究，天皇的祖先确实比较可考的是第21代的雄略天皇。日本学界推测他就是《宋书·倭国传》中所记载的，与刘宋、萧齐、萧梁建交的倭王武。另外，昭和五十三年（1978），人们在埼玉县稻荷山的古坟遗迹里发现了一把刻有"辛亥之年""获加多支卤"字样的铁剑。推测辛亥之年是公元471年，属于《古事记》与《日本书纪》中记载的雄略天皇时代；而"获加多支卤"的日语发音又与《古事记》《日本书纪》上雄略天皇的名字"大长谷若建""大泊濑幼武"发音近似，所以学界推测：这把剑的主人就是雄略天皇，雄略天皇也是历史上真实存在的人物。当然，天皇世系不可能是神的后

---

① 今日本奈良县境内。

② ［日］井上清．天皇制［M］．辽宁大学哲学研究所，译．北京：商务印书馆，1975.

代，他们不过是彼时日本部落中，实力强大的一支罢了。事实上，全球各地大部分早期文明都有这样的特点——统治阶级通过神化自己来确立权力的正当性。

在平安时代前期的京都，神化天皇的做法还有在他即位初年举办大尝祭。大尝祭主要由"天羽衣神浴""神共食"与"真床覆衾"三部分构成，持续一整晚。祭祀时，天皇先祖神灵降临大尝宫，天皇与其一同尝食神馔（新谷），还要躺在寝具上，做出与祖先神灵合体再生的动作。这一系列的仪式，目的正在于凸显天皇灵的传承。大尝祭出现于天武天皇时期，其间断断续续，直到德仁天皇即位时，也在东京大尝宫举行过。

天皇确立了神圣权威，并"永恒"地赋予后代，如此便奠定了日本天皇"万世一系"的基础。所谓"万世一系"，即只改朝不换代。从传说中的神武天皇算起，到德仁天皇共126代，他们都出自一个血统家族。这是历史上别的国家都没有的现象。永观二年（984），日本僧人奝然入宋求法，向宋太宗进呈《王年代纪》并介绍道："（日本）国王以王为姓，传袭至今王六十四世，文武僚吏皆世官。"宋太宗听后感叹："此岛夷耳，乃世祚遐久，其臣亦继袭不绝，此盖古之道也。"[1]这段对话被记录在《宋史·日本传》中，当时宋朝刚刚结束了唐末以来的藩镇割据，奝然所述无疑契合了宋太宗对长久统治的渴求，所以得"赐奝然紫衣"。

---

① 龚卉. 奝然与中日交流［J］. 文史知识，2019（05）：100-105.

但只是将天皇神化，还不能完全解释"万世一系"的现象。神统权威在中世纪广泛盛行于世界各国，我国古代也有"君权神授"，可为什么独日本天皇能够一脉相传至今呢？

要回答这个问题，我们就不得不把京都的历史仔细翻阅一番了。

崩溃的律令制

神化天皇，是加强权力的手段之一。事实上从6世纪左右开始，统一全日本的大和朝廷，就积极引入中国隋唐的制度来巩固自身统治。前有圣德太子制定冠位十二阶①和十七条宪法②，后又有以颁布班田收授法和租庸调制为核心的大化改新。白江口之战，日本试图挑衅唐朝却惨遭大败，被危机感笼罩的天智天皇，又制定了近江律令③和庚午年籍④；随后天武

---

① 冠位十二阶：推古天皇十三年（603）制定，是日本飞鸟时代确立的一个冠位制度。具体就是将官员分成大德、小德、大仁、小仁、大礼、小礼、大信、小信、大义、小义、大智、小智等十二个等级，并以冠的颜色作为区分。

② 十七条宪法：是日本推古天皇十二年（604）所制定的十七条条文。内容主要是对官僚贵族的道德规范和一些佛教的思想，并非现代法律意义上的宪法。

③ 近江律令：是指向律令制的单行法令的总称，并不是体系性的法典。近江律令并没有保存到现在，能够证明其存在的史料也很少，因此关于它是否存在，学界存在激烈的争论。

④ 庚午年籍：是日本最早的全国性户籍，于天智九年（670）制成。

天皇制定飞鸟净御律令①；文武天皇制定大宝律令②；藤原不比等又制定养老律令③。一系列的立律活动使律令制度在日本正式建立起来。

所谓的"律令"，"律"是关于刑罚的规定，相当于现今的刑法；而"令"是关于官制和其他行政的规定，相当于现今的行政法、民法、诉讼法等的综合体。由这些律令构建起的律令制，其本质就是以天皇为中心的中央集权制——国家职权统一于中央政府，在经济上则要求土地和人民都必须服从中央政府的支配。政府分配给人民土地，反过来人民对政府履行租税、劳役、兵役的义务。社会财富大量集中到中央，推动了奈良时代日本的繁荣，这一时期，历代天皇奖励垦荒，兴修水利，并大量派遣使者到中国唐朝学习先进的技术和文化，促进了社会生产力的大大提升。掌握财富的皇室贵族还大兴造寺、造像，热衷于华丽的绘画、装饰艺术。不过到了平安时代中期，繁重租税和劳役导致社会矛盾不断激化，律令制逐步解体，天皇权力也渐渐式微。

---

① 飞鸟净御原令：被认为是日本历史上第一个有体系的律令法。公元681年由天武天皇颁布诏书开始制定，689年持统天皇时代制成并施行。

② 大宝律令：于大宝元年（701）制成，其中《律》6卷、《令》11卷，共17卷，由藤原不比等撰，是日本历史上第一部律与令齐头并进的正式律令。

③ 养老律令：是养老二年（718）起藤原不比等在《大宝律令》基础上修订而成的法令。养老四年（720）藤原不比等过世，法律编纂工作暂停，直至天平宝字元年（757），在藤原仲麻吕的主导下，中断编撰的律令得以施行。

出现这种现象，是因为从奈良时代开始，国家为缓解口分田的紧张从而放宽了新垦田地的私有权，拥有资本的贵族、寺院、地方富豪积极开垦，占据了越来越多的土地，而这一政策原本应该惠及的农民却备受挤压，难分到一杯羹。无奈之下，农民们只有向贵族租种庄田，与领主间形成了一种租佃关系，在契约期限内充当"庄民"。后来，一些领主凭借自己的权势和地位逐渐获得了不输不入[①]的特权，于是他们与庄民的租佃关系不再单纯，庄民不再对国衙负有临时杂役的义务，转而对庄园领主负担公事和夫役[②]，就此庄园主实现了对庄民的人身支配。

进入11世纪后，各地开发领主大力展开立庄运动，为了避免土地未经公检而被没收归公，这些无权势的开发领主便将自己的庄园寄进给中央贵族或寺院，每年向他们缴纳一定的年贡，自己则作为庄官掌握庄园的实际支配权。这种"合作"的意义在于：支配土地的开发领主能够获得庇佑和免租的优惠，而那些上级贵族、大寺社们则省去了管理分散土地的

---

①　不输不入：不输权是指庄园向国家征税的一部分或全部被免除的权力。不入权是指不允许中央派遣的检田使进入田地调查的权力。

②　赵连泰，邓鹏．日本庄园制研究［J］．日本研究，1988（03）：43-51.

麻烦。①彼时的京都，许多中央贵族、大寺社被奉为本家、领家，拥有自己支配的土地，从而掌握了一定的统治权力。如此形成的"本家——领家——庄官——庄民"的等级秩序，从根本上否定了律令制"一君万民"的社会结构。②

所谓经济基础决定上层建筑，占有庄园让贵族掌握了强大的经济实力，他们对政权的野心也愈加膨胀，甚至把天皇架空，从而形成了历史上著名的摄政–关白时期。

如月满无缺

摄政，就是代替君主处理国政。在古代，君王因年幼或疾病不能亲自处理政事时，就会由其亲族或权臣暂代执政。中国古代历史上著名的周公代成王行政事就是摄政的典例。不过，周公是从统治大局出发，执政七年又归政于成王，而京都历史上的摄关政治则充斥着私欲，甚至持续了三百年之久。

这段历史的主角藤原氏，是大化改新后发家的一个氏族。因为大化改新的功绩，中臣镰足被赐姓"藤原"，而后他的儿子藤原不比等又在大宝律令和养老律令编纂、迁都平城京方面发挥了核心作用，晋升为大纳言、右大臣，深受天皇信

---

① 开发领主将田地捐赠给中央有权势的人和有权势的寺院和神社，接受捐赠的庄园领主称为"领家"。领家进一步向皇族、摄关家等更有势力的贵族捐赠，接受领家捐赠的最高等级的庄园领主则被称为"本家"。实际支配庄园的领主被称为"本所"。像这样，通过寄进而形成的多重所有制关系的庄园被称为"寄进地系庄园"。

② 崔世广. 日本传统文化形成与发展的三个周期 [J]. 日本学刊，1996（04）：93–111.

任。为了让自己的地位更稳固，不比等想到了一个主意：联姻。于是，藤原不比等之女宫子、光明子先后入宫，前者嫁给了文武天皇，后者则成了圣武天皇的皇后。按当时的规定，皇后作为天皇之嫡妻，本只能由皇族出身的女子担任，但光明子被册封为皇后，无疑为外戚打开了干政的缺口。藤原氏从此与皇家形成了紧密的姻亲联系。

然而，这只是故事的开始。不比等的四个儿子分为南家、北家、式家、京家。北家一脉的藤原内麻吕在任右大臣时，将次子冬嗣安排到皇太子嵯峨身边，之后嵯峨被立为天皇，冬嗣也得到"藏人头"的任命。"藏人"别名"男房"，与"女房"一样，是负责宫中宿卫、照顾天皇日常起居的一支贵族队伍，类似于天皇的"秘书团"，而"藏人头"，顾名思义就是天皇的"首席秘书官"。于是，利用职务之便，冬嗣安排自己的女儿顺子、儿子良房与嵯峨的儿子仁明、女儿源洁姬联姻，令藤原氏北家血统与皇室血脉完全交融。

天安二年（858），文德天皇逝世，他与良房的女儿明子所生的惟仁继承皇位，号"清和天皇"。当时清和天皇不过8岁，良房便以外祖父的身份辅佐执政。这是日本史上首例由非皇族的臣子担任摄政一职。良房的养子藤原基经气焰嚣张。贞观十八年（876），清和天皇让位给儿子阳成天皇，藤原基经以天皇舅祖父的身份摄政。他也想让自己的女儿入宫，但最后并没有实现，于是直接以天皇暴虐为由，罢黜阳成天皇，改立与自己有血缘关系的光孝天皇①。藤原氏已经可以轻易废立天皇，从这点就足见其权力之大。宇多天皇时期，出于对藤原家势力的恐惧，他诏令"万机巨细，皆关白太政大臣，而后奏下"。该诏书始开"关白"一职。此时的宇多天皇已经元服，却还要把国事交由他人处理，如此，天皇不仅幼年时要设立摄政辅佐，成年后还要以关白控制朝政。摄政与关白（合称"摄关"）成为常设职位，形成了外戚长期掌控国家政权的特殊政体——摄关政治。

通过不断跟皇室联姻，藤原氏一步步加强了对朝政的控制。到了11世纪，藤原道长掌权达三十年之久，他的儿子藤原赖通更是掌权达五十年之久，把摄关政治推向高峰。八十年来，日本的国政都掌握在这对父子手中，他们的私邸变得如朝廷一般的存在，而真正的朝廷则成了背景板。再加上庄园的扩张，朝廷和地方都为藤原氏掌控，天皇的皇权名存实亡。

万寿二年（1025），藤原道长竟取下大内丰乐殿屋顶那象征皇权的鸱尾，装饰到自己家族的宗寺法成寺屋顶上去。②这样嚣张跋扈，足见藤原氏的权位已达到极致。在为女儿威子嫁给一条天皇举办的宴席上，藤原道长已是飘飘然，不禁吟咏而出："此世即吾世，如月满无缺。"

---

① 光孝天皇之母藤原泽子与基经之母藤原乙春是姊妹的关系，均是藤原总继之女，因而光孝天皇是藤原基经之表兄。

② ［日］保立道久. 平安时代［M］. 章剑，译. 北京：新星出版社，2020.

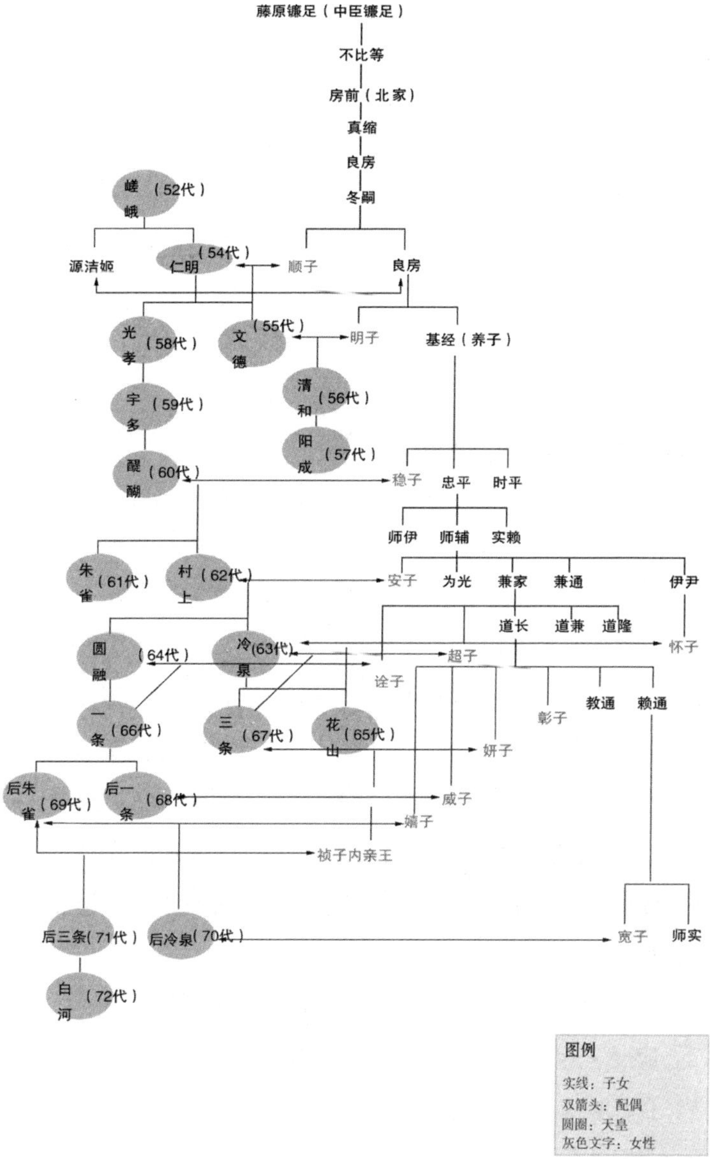

藤原镰足（中臣镰足）

不比等

房前（北家）

真缩

良房

冬嗣

嵯峨（52代）

源洁姬　仁明（54代）→顺子　良房

光孝（58代）　文德（55代）→明子　基经（养子）

宇多（59代）　清和（56代）

阳成（57代）

醍醐（60代）→稳子　忠平　时平

师伊　师辅　实赖

朱雀（61代）　村上（62代）→安子　为光　兼家　兼通　伊尹

道长　道兼　道隆　怀子

圆融（64代）　冷泉（63代）→超子

诠子

三条（67代）　花山（65代）→妍子

一条（66代）

彰子

教通　赖通

后朱雀（69代）　后一条（68代）→威子

嬉子

祯子内亲王

后三条（71代）　后冷泉（70代）→宽子　师实

白河（72代）

图例
实线：子女
双箭头：配偶
圆圈：天皇
灰色文字：女性

图1　天皇、藤原氏联姻关系图

不合规则的院政

看到这里，读者心中可能会有一个疑问：难道这么多年天皇就甘做傀儡，把朝政大权拱手让人吗？

权力的争斗的确是常有之事，为了振兴皇权、建立真正的王朝，以宇多天皇和白河天皇为代表的天皇蓄力改变局面，创造了这一时期特殊的院政体制。

宽平三年（891），时任关白的藤原基经去世，宇多天皇借机提拔菅原道真，让他做两位皇子的监护人。等到皇太子醍醐成年时，宇多天皇便让位于他，自己以上皇身份实行"院政"，同时委任藤原基经的长子藤原时平和菅原道真共同辅佐醍醐天皇处理国事。这样一来，藤原时平的势力受到上皇和道真双方牵制，之后宇多上皇又将妹妹为子许配给醍醐天皇，意图通过同族配婚来纯化皇室血统。若为子顺利诞下男婴，那宇多上皇的院政无疑稳若泰山，然而事与愿违，为子不仅未产下皇子，还死于难产。此时，藤原时平趁机把妹妹稳子送入醍醐天皇宫中，又诬告菅原道真妄图谋反。醍醐天皇听到谗言后暴怒，一气之下将道真贬谪为大宰权帅，将其流放到九州之地。延长元年（923），醍醐天皇与稳子的儿子朱雀诞生，朝政又落回藤原氏手中。

宇多上皇没能实现的院政，在白河天皇时终于确立。

应德三年（1086），白河天皇将皇位让给儿子堀河天皇，自己以上皇身份开启了院政统治。实际上在他之前，后三条天皇就力图整顿朝政。延久元年（1069），后三条天皇发布

《延久庄园整理令》，一方面加重庄园税收，另一方面将私设的贵族庄园没收到自己名下。为了确保庄园整理令的执行，他还设立了"记录庄园券契所"作为审查机构。如此一来，摄关家的经济基础被严重打击，天皇的权力在一定程度上得以恢复。只不过，后三条退位第二年，就因为"饮水病"逝世，他意图实现的"院政"也无疾而终。

白河天皇成功退居上皇，也沿袭后三条的努力着力削弱摄关家权势。他依靠新兴的武士集团建立起自己的武装力量，并设立各种官职，由自己的亲信（多是中下级官僚）担任。白河上皇以天皇年幼为借口，频频颁布院宣，成为朝政之事的实际仲裁者。上皇的住所白河院成了新的政治中心，天皇与中下级贵族团结起来，与摄关家形成对立之势。

所谓院政，其实质就是将权力由年幼的天皇转移至上皇，从而使摄关家的控制目标完全傀儡化。这种不合常规的政治形态，就像是皇权列车从主干道突然绕到支线上行驶一样，而对觊觎皇权的摄关家来说，则是一招精彩的"金蝉脱壳"。自此从白河上皇到鸟羽上皇再到后白河上皇三代，院政持续了将近一百年。

不过，在藤原氏日落西山之时，另一势力却逐渐兴起——武士。从白河上皇开始，武士就被纳入特权阶层，地位陡然提高。后来盛行的知行国制[①]，更是让武士获得了地方上

① 　知行国制：是指有权有势的贵族、寺院、神社、武家获得特定国家的知行权并获得收益的制度。获得知行权的人被称为知行国主，知行国主保有知行国的国司推荐权和官物获得权。

的管辖权力。源平二氏在此时迅速崛起，改变了后来的历史进程。

而此时的上皇和天皇，却醉心佛教，他们大兴佛寺、大办法会，耗尽钱财。比如白河天皇敕愿修建了法胜寺，鸟羽上皇扩建了鸟羽殿，后百河上皇修建了三十三间堂……为了弥补财政空洞，卖官的情况愈演愈烈，朝政日益腐败，人民怨声载道。佛教势力在此时扩张，神社寺院的僧兵屡次与地方国司相争。面对僧兵的斗争，朝廷只能倚靠不畏惧神佛的武士抗衡，这又促使了武士阶层的抬头。

一个新的时代，就要到来了。

第二节　武士与刀

崛起，武士集团

提到日本武士，大家想到的一定都是德川幕府或者建立第一个幕府的源赖朝。但事实上，武士的兴起，还要追溯到平安时代初期。

和摄关政治一样，武士集团也是在律令制解体的背景下形成的。那时庄园扩张成势，强占土地屡见不鲜。为了扩大庄园和保护自己的利益，各地领主纷纷武装起自己的庄民。这些庄民开始还是亦农亦武，后来就变成了职业的武士。

除此之外，从10世纪左右开始，朝廷为了镇压地方叛乱、扩张势力范围，下派中央的下级贵族到地方做"追捕使"和"押领使"。这些人定居地方，成为开发领主并建立起私人武装。特别是在藤原氏专权的摄关政治时代，越来越多的贵族被下派地方后土著化，他们利用权威组织起地方武士集团，走上了历史舞台。①

早在平安时代初期，就有一类武士被纳入国家官职体系下。大同五年（810）药子之变②后，中央设置了"检非违使"一职。"非违"代指"非法""违法"之事，检非违使就类似于京都的警察，担负都城治安、行刑的职能。这些武士被称为"もののふ"。"もの"是指附体在人身上的怨灵鬼怪，而所谓"もののふ"就是保护王公贵戚不受这些"恶"的侵袭。③

武士在都城京都和各地活跃着，并通过战争、兼并以及投靠贵族慢慢扩充了自己的实力。清和源氏就在此时崭露头角，他们的祖先可追溯到清和天皇，他的16名皇子皇孙被臣籍降下、赐姓源氏，即"清和源氏"。其第六皇子贞纯亲王之子源经基，在天庆三年（940）平将门之乱④中告密平将门

① 娄贵书. 日本武士兴亡史［M］. 北京：中国社会科学出版社，2013.

② 药子之变：大同五年（810），平城上皇与宠妃藤原药子及其兄藤原仲成意图推翻嵯峨天皇，但没有成功。平城上皇被幽禁，藤原仲成被杀，藤原药子服毒自杀。

③ ［日］保立道久. 平安时代［M］. 章剑，译. 北京：新星出版社，2020.

④ 平将门之乱：是承平天庆年间，下总国平将门挑起的倒戈朝廷的战乱。平将门成功压制关八州并自称新皇，但是不久就被藤原秀乡、平贞盛等朝廷的追讨军击败战死。

谋反，其后又参与平定了藤原纯友之乱[①]，最后官至镇守府将军，开启了清和源氏成为武家名门的第一步。随后，源经基的子孙源满仲、源赖光、源赖信都侍奉于藤原家，其中源赖信更是在平忠常之乱[②]中立下大功，将势力拓展到了东国[③]。自此之后，源赖信的儿子源赖义被任命为相模守，率领东国武士镇压了前九年合战、后三年合战，奠定了源家的威信基础。

与此同时，伊势平氏势力也不容小觑，足以与源家分庭抗礼。白河上皇院政时期，平正盛被任为北面武士，开天皇任用武家之先例。平氏起源于8世纪末期，彼时桓武天皇推行臣籍降下政策，皇孙被赐姓"平"，皇子被赐姓"源"。平氏中的一支后来避乱迁往伊势地方，而平正盛就是这"伊势平氏"的后裔。承德元年（1097），平正盛把伊贺国的土地进献给六条院御堂，为过世的媞子祈祷冥福，媞子是白河上皇的女儿，此举也确实获得了他这位父亲的好感。之后，平正盛又镇压了源义亲在出云发起的叛乱，他的儿子平忠盛也在讨伐西国

---

① 藤原纯友之乱：是藤原纯友发起的叛乱。藤原纯友受命讨伐西国的海贼，结果率领海贼袭击西国各地，公然反抗朝廷，最后被朝廷军追讨消灭。该战役与平将门之乱发生在同一时间，因为合称"承平天庆之乱"。

② 平忠常之乱：是万寿五年（1028）发生在平安时代房总三国（上总国、下总国、安房国）的叛乱。由平将门的叔父平良文的子孙——平忠常发起，朝廷派遣讨伐军三年都没能镇压。源赖受命讨伐，最后平定了这场战乱。

③ 东国：是日本在近代以前的一个地理概念，指东海道铃鹿关、不破关以东，包括了关东地方和东海地方。

海贼中立功，甚至被鸟羽上皇特许内升殿①。

源氏与东国的联合日益紧密，平氏则积极巩固自己在朝廷的地位，二者势头正盛，不分伯仲。保元元年（1156），鸟羽上皇驾崩，崇德上皇和后白河天皇就谁继承皇位产生了分歧，他们旗下的摄关家也分列两派。最终他们决定用武力解决这一分歧，平清盛、源义朝作为后白河天皇一方支持者，与站在崇德上皇一方的平忠正、源为义在白河北殿附近交战（保元之乱）。这场战斗只进行了一天，崇德上皇一方就彻底溃败，失去了竞选资格，被流放到赞岐。对于武士而言，保元之乱实际是一个划时代的事件，经此一役，他们的势力第一次从地方延伸到朝廷，还作为天皇的武装力量载入史册。

保元之乱三年后，后白河上皇的近臣也分属不同阵营。一方以深受后白河上皇信任、掌握政治实权的藤原通宪（法名"信西"）为主，另一方则是二条亲政派藤原信赖与麾下众人。

武士间的矛盾也在此时凸显——在"保元之乱"中同样立下战功的源义朝和平清盛，却没有受到后白河天皇的同等重视。看着平清盛平步青云，源义朝内心早就埋下了仇恨的种子。平治元年（1159），藤原信赖联合源义朝发动政变。他们先是率兵袭击了藤原通宪的住所，逼其自杀。而后又将二条天皇和后白河上皇软禁宫中。

外出参拜的平清盛闻讯后立马赶回京都，与源氏展开对

---

① 内升殿：指允许进入内里清凉殿南厢。以内升殿为基础的身份体系的制度称为升殿制。

决。源义朝率兵八百骑，而平清盛则有三千骑之多，双方兵力即见高下。最后，平清盛一方大获全胜，藤原信赖与源义朝被诛杀。源义朝的儿子赖朝流放伊豆。

平治之乱后，平氏从此扶摇直上，盛极一时。仁安二年（1167）平清盛被任命为太政大臣，这是律令官制中最高的官职（关白与摄政是令外官），朝廷的其他要职也多被平氏一族占据。此外，平氏还学着藤原氏那套，开始和皇室联姻，一步步掌控朝政大权。经济上，平氏在全国各地拥有多达五百多座庄园，并且通过日本与中国宋朝之间的海上贸易谋取到了巨额利益。

在京都的南白河地区，平氏建造起自己的根据地——六波罗。六波罗面积约二十多个町，房屋鳞次栉比，平氏一族的亲戚、侍从以及从地方来到平安京的武士都聚集于此。在《平家物语》中记载着这样一句话："非平家人，非人。"可见平氏权势滔天，也可见其气焰嚣张。

然而，平氏的盛极一时不过是黄粱一梦。安元三年（1177），平安京遭遇大火，整个都城约三分之一的地方都被烧毁，随后又被旋风、地震、饥荒等连续灾祸裹挟。与之同时，被流放到伊豆半岛的源赖朝在为复仇积蓄实力，他即将带领源氏武家，强势摘夺京都之主的席位。

武家政权与京都

源平二氏的矛盾终于在以仁王和源赖政的挑唆下爆发。

治承四年（1180），平清盛逼迫高仓天皇让位于安德天皇，他作为安德天皇的外祖父，正好代替年仅两岁的安德天皇执政。平氏的专横招来白河上皇的皇子以仁王的憎恨，他联合源赖政①起兵对抗平氏，还号召地方诸国的源家人揭竿而起。

讨平令旨陆陆续续传达到各地蛰伏的源氏手中。沉积已久的矛盾终于爆发，源赖朝联合伊豆国北条氏的势力，与弟弟源义经、堂弟源义仲一起与平氏展开了持续五年的混战（源平合战）。源赖朝获得最后的胜利，于建久三年（1192）受封"征夷大将军"，在镰仓建立了日本第一个幕府——镰仓幕府。从这时候开始，日本正式进入武士时代，京都也笼罩在武家政权的天空下。

事实上，源赖朝所建立的镰仓幕府，最初拥有公武二元的政治格局。一方面，武家和公家划定各自的统治范围：武家（将军、守护②、地头③）以关东地区为主；公家（天皇、国司④、郡司⑤）则统治关东以外的区域，但国司的权力受制于

---

①　在保元之乱时，源赖政与平清盛等一起支持后白河天皇以抗崇德上皇，因而成为保元之乱后唯一留在中央朝廷的源氏族人。1180年，平宗盛强夺其子源仲纲的爱马"木下"，并在马身烙上"仲纲"二字，因此赖政对平氏十分不满。

②　守护：指镰仓幕府和室町幕府设置的武家职位，协助国司统治地，掌握一定的军事权和行政权。

③　地头：指镰仓幕府于文治元年（1185）在全国庄园和乡村设置的地方下级官吏。主要职责是给幕府征收军粮，同时还代为本所或领家征收年贡。

④　国司：指日本古代地方一级行政单位令制国的行政官僚，由朝廷派遣赴任，在地方的祭祀、行政、司法、军事都掌有大权。

⑤　郡司：指在律令制下，是国司之下治理郡的地方官，一般由地方豪族担任。

守护。另一方面，公家和武家在权力分工明确：武家掌握军事警察权，公家则有形式上任命将军的权力，还可通过国司管理全国的行政和司法。

镰仓幕府建立以御恩和奉公①为基础的封建制度，并通过武力不断扩大自己的统治势力。建久十年（1199），由源赖朝逝去开头，镰仓幕府内部发生不小的争斗，最终导致第二、三代将军源赖家、源实朝被暗杀，北条氏上台执政。天皇朝廷与幕府的关系本就脆弱，这下更加恶化了。承久三年（1221），后鸟羽上皇举兵讨伐镰仓幕府，但彼时朝廷军只有万余，而幕府军已达20万之多，寡不敌众，一个月里朝廷军连吃败仗最终偃旗息鼓，战后，主谋后鸟羽上皇被流放到了隐岐岛，顺德上皇因为支持父亲获罪，被流放佐渡岛；土御门上皇并未参与讨幕，本来不是被处分对象，但他自愿提出与父亲及兄弟一同受流配之刑，于是被流放到阿波国。武家还废黜了顺德上皇之子仲恭天皇，改立守贞亲王之子后堀河天皇，将皇位继承者的决定权也握在手中，这便是著名的"承久之乱"。

自此开始，公武二元的平衡政治格局被打破，朝廷的权力旁落幕府之手。幕府的势力驻守在六波罗。这里本是平氏的根据地，平氏没落后，其旧领地被源赖朝吞并，北条时政作为京都守护将官厅设置于此。承久之乱后，北条时房及其子北

---

① 御恩和奉公："御恩"指将军保障御家人的领地支配（本领安堵），或者给予新的领地（新恩饷）；反过来御家人要服军役，为将军修筑御所等，称为"奉公"。

条泰时作为探题①入居此馆，取代京都守护，负责监督朝廷动向，并维护京都及周边诸国的治安。探题府周边还设置了侍奉探题的武士们的宅邸和将军上洛的御所。在武家的监控下，朝廷变得越加软弱，各级公家官员虚有其表，掣肘良多。

元弘三年（1333），足利尊氏在后醍醐天皇的倒幕旗帜下推翻了镰仓幕府的统治，又与后醍醐天皇的"建武政权"一争高下，于历应元年（1338）在京都开设了第二个幕府——室町幕府②。战败逃亡的后醍醐天皇在吉野③开设南朝朝廷，与室町幕府南北对峙。这种局面持续了57年之久，在此期间，战乱迭起。最后，在元中九年（1392），室町第三代将军足利义满夺回奈良，又彻底消灭了北朝内的公家势力，实现了南北统一。

纵观南北，公家贵族的庄园土地已被武家剥夺殆尽，室町幕府的手腕与镰仓幕府的"公武并立"不同，他们是武家掌权的一元体制。在京都北小路的室町殿，足利义满接掌朝政大权，并且把检非违使的治安审判权转移到侍所④，还关闭了文殿⑤和审判记录所。两年后，足利义满将将军之位传给长子足利义持，自己出任太政大臣⑥，暗中掌权。我们从明成祖朱棣

---

① 探题：指幕府派遣到地方执掌政务、诉讼裁判、军事的地方长官。

② 足利尊氏在延元元年（1336）创立了幕府，但是直到历应元年（1338）才获封征夷大将军。

③ 吉野：位于今奈良县内。

④ 侍所：指镰仓幕府和室町幕府中负责军事、警察的组织。

⑤ 文殿：指在太政官及院厅进行公文和典籍管理的场所。

⑥ 太政大臣：是律令制度下最高官位，宰相级职务。

与足利义满往来的国书中就可以看到义满的野心——朱棣称足利义满"日本国王源道义"，而足利义满也接受明成祖的册封，自称"日本国王臣源道义"。

室町幕府被足利义满推向了顶峰，但当他这个一把手在应永十一年（1408）圆寂后，幕府的权威便日落西山。之后足利家族的内讧与守护大名的反抗愈演愈烈，最终双方的不满于应永元年（1467）搬到了明面上。以细川氏为代表的东军与以山名氏为代表的西军展开争斗（应仁之乱），各地守护大名纷纷站队，将这场东西军之争从京都扩大到全日本。兵荒马乱的年代，旧时权威失去威慑力，地方兴起下层人物推翻上层人物的风潮（下克上），将军和守护大名也只能眼睁睁看着事态朝他们始料未及的方向发展。武士争霸的战国时代来临了。

其中最先崛起的，是于尾张国的织田氏，他们推翻了斯波氏的统治，并通过常年征战获得大量领地。永禄十一年（1568），织田信长拥护足利义昭入京，成为第一个进入京都的战国大名。足利义昭虽然顺利被立为幕府将军，但实际掌权者却是信长本人。这种联盟显然无法持久，不久二人便反目成仇。织田信长于天正元年（1573）攻入幕府所在的二条御所，逮捕足利义昭，将其流放至河内国。

室町幕府随足利义昭的流放宣告灭亡，织田信长的权势如日中天，他命人在滋贺县安土町建筑向西直达京都的安土城，欲图以此为据点，建立起辐射全国的统治网络。就在这一宏图指日可待时，天正十年（1582）6月2日，织田信长在京都的本能寺遭叛将明智光秀袭击（本能寺之变），在经历一番激战又无生还可能的情况下，他自焚而死。

信长之死给了得力部将丰臣秀吉更上层楼的机会。他先是率军成功讨伐明智光秀，又逐步击败反对他的织田旧臣，拉起了自己的大旗。最终，丰臣秀吉完成了织田信长的遗愿，于天正十八年（1590）统一全国。

因为出身卑微，丰臣秀吉不够格出任征夷大将军，而是以"藤原秀吉"的名义担任"关白"一职。"关白"本是代理天皇执掌政权的官位，按惯例还要与其他摄关家轮岗。于是秀吉又请天皇赐姓"丰臣"［丰臣秀吉原姓木下，之后改姓羽柴，直到天正十四年（1586）获赐氏姓"丰臣"］，新创设了一个可以和藤原家匹敌，甚至位高于藤原家的氏族——丰臣氏，借此弥补出身的不足，确立了自己统治天下的名义。

担任关白的第二年，丰臣秀吉就在京都大内里东北方的内野修建了自己的宅邸——聚乐第，而后又对伏见进行了彻底的改造。庆长三年（1598）丰臣秀吉病逝，丰臣第三代家督丰臣秀赖又从伏见城移居到已完成的大阪城奥御殿，统治中心也随之转移至大阪。

关原之战后，德川家推翻了丰臣政权，取得征夷大将军的称号，日本历史上的第三个幕府——德川幕府就此确立。家康、秀忠、家光前三代将军都推行强权政治，一方面通过改易、转封、减封和削封的方式削弱大名的实力，巩固自身的统治地位；另一方面颁行了身份等级制度，用法律的形式规定了社会各阶级的权力地位和职责义务。在武士阶级内部，德川幕府制定了《武家诸法度》和《诸士法度》，从经济、政治、军事、居住地域、身份等级等各方面对藩国大名进行约束。在德川幕府的法制化统治下，日本社会趋于稳定和平，武家也完成了从战斗者到执政者的身份转变。

德川幕府在京都设置了京都所司代①，对天皇朝廷进行监视，同时负责统管京都城内及周边八国的诉讼和治安。他们的宅邸同将军的城堡连成一片，与地处东北方向的天皇御所形成对冲之势，成为钳制天皇力量的具象表现。

与之同时，所司代在和平时期的社会治理作用也是举足轻重。板仓重宗任京都所司代时制定的《板仓重宗二十一条》，涉及诉讼、典当、买卖契约等方面，很长时间内都作为京都的施政基本法。宽文八年（1669）一月，德川幕府又仿效江户和大阪的东西二人体制，设置京都町奉行，在京都所司代的指挥下执行职务。

在幕府的治理下，京都的社会秩序得到稳定，渐渐恢复了繁荣之景。这一时期的京都，作为传统的政治金融中心和文化艺术中心，是与江户、大阪并列的"三都"之一。

这般和平在德川幕府的治理下持续了260余年，京都人民感受美好安宁之际，武士却失去了用武之地。他们的身份制度逐渐固化，又脱离了土地和商品经济，这一群体在经济上的劣势日益剧增……

---

① 京都所司代：指幕府官职，负责幕府与朝廷的交涉，监察朝廷、公家贵族和关西地区各大名的举措，并将各地大名送呈天皇的公文先送交幕府审查。此外，京都所司代也负责京都治安、裁决近畿地区的诉讼和管理京都、伏见、奈良各地的町奉行。

二百多年，武士从极盛走向衰落，如雷贯耳的武士时代也只能成为一个历史符号。

"万世一系"与"尊王攘夷"

回顾了这段历史，我们可以清晰地看到，从平安时代中期开始，律令制崩溃，天皇的权力渐渐式微，地方庄园主可支配自己的领地、领民，贵族也凭借特权成为大量庄园的本家、领家。

摄关时期，藤原氏成为朝政实际掌控者，天皇不过顶着一个统治名头。武士时代，武士阶级凭借自身军事优势，干脆建立起新的政权。尽管形式上将军的名头由天皇授予，但在承久之乱后，皇位继承者的决定权已经转移到将军手中，将军已经完全凌驾于天皇之上。此外，天皇的领地被削减瓜分，向来依靠皇家贵族的开发领主纷纷变为幕府的御家人，为将军奉公。江户时代，天皇连日常活动都要受到幕府制定的法律限制，已经完完全全沦为武家政权的傀儡和工具。

江户时代末期，尊王派思想家高山彦久郎来到他向往已久的京都，眼前的景象让他难以置信——天皇的御所居然连土围墙都坍塌了，小商贩从公家门口经过时停止了叫卖，因为他们知道里面的人根本没有钱买东西。他尊崇的天皇落魄成这般模样，高山彦久郎不禁扑倒在地，眼泪簌簌流下。

可高山彦久郎也许没有想过，正因天皇与政治运作牵扯不深，才没有沦为权力争夺的靶心而绵延至今。土地和权力已被层层分封，地方藩主相互牵制，作为"虚君"的天皇反而得以安稳。这在我国历史中也有印证：分封制下的周朝存续八百年，而之后建起中央集权的秦朝不过二世。

这或许可以一定程度解释日本天皇"万世一系"，但问题在于：如果天皇没有任何权力，他的存在还有何必要？对于贵族和武士而言，天皇的价值是什么？

实际上，在德川幕府的分封制下，下到农民上至将军，他们的权力必须依靠某种权威，而无法独立存在。领主武士对他所辖领地的平民拥有绝对专制权力，但是他们本身还要受到上一级的统治，而这上一级的统治者，也必须从比自己地位更高的统治者那里取得权力的保证。就连最顶层的将军，也必须依靠某种权威给自己加冕——天皇无疑就具有这种功能，从奈良时代起他们就强调自己是"神的子孙"，后来权力被架空，也因为不亲政被称为"住在云端的人物"。这样，将军从天皇处获得授权，就等同接受了神的旨意，理所应当地统治国家。而这种授权显然也具有双面性，江户时代末期，天皇的精神权威甚至也成为指引倒幕运动的启明星。

嘉永六年（1853），佩里率领四艘美国黑船登陆江户湾浦贺海岸，逼迫闭关锁国的日本打开国门开国。在西洋炮舰的威胁下，德川幕府接连与美、英、俄、法、荷等国签订了一系列不平等条约。这些条约的签订，使幕府的威信受到冲击，同时由于日本沦为西方列强的原料产地和商品市场，国内经济秩序被打乱，物资匮乏、物价上涨，原本就备受挤压的中下阶层武士生活负担又加重了，他们愤而举起"尊王攘夷"的旗帜，要求改变天皇毫无实权的现状，进而推翻德川幕府的腐朽统治。

文久二年（1863），以长州藩为代表的志士们集聚京都，他们联合朝廷激进派公卿大臣，以天皇名义发布了攘夷诏敕。随后，长州藩带头袭击西方国家舰船，又同英国起了冲突，这些挑衅引来英、法、美、俄四国联合报复，长州藩也在内外夹击下被迫与四国舰队议和，并从攘夷转向学习西方和武力倒幕。

庆应二年（1866），萨摩、长州两藩结成倒幕同盟，合力与德川幕府对峙。庆应三年十二月九日（1868年1月3日），倒幕派发动宫廷政变，以明治天皇的名义颁布《王政复古大号令》，废除幕府，设立由"总裁""议定"和"参与"组成的三职制天皇新政府。不甘交出政权的德川庆喜退到大阪，宣称"王政复古非法"，指挥幕府军在京都附近的鸟羽、伏见地区与新政府军展开激战，结果败走江户。最后天皇下令征讨，迫使德川庆喜于1868年5月3日交出江户城，至11月初平定东北地区叛乱的诸藩。1869年春，天皇下令出征北海道，于6月27日攻下幕府残余势力盘踞的最后据点五棱郭。

在这场倒幕运动中，天皇重新回归政治中心，倒幕势力也借用天皇神威为自己的叛乱找到了合理依据：既然是天皇将人间的管理权交给幕府将军，那么他也有权将此收回；既然天皇居最高位，那么大家都应该效忠于天皇。得益于这种思想转变，公家、武家、平民等各派势力纷纷团结一心，将这场革新运动推向高潮。

天皇这一角色除了是倒幕势力掩耳盗铃的幌子，对于建立一个新的民族国家而言，他的存在也是必要的。过去受分封制支配的日本社会，无论武士还是平民都只对他上一级的领主负责，心中并没有"国家"概念，更遑论爱国思想。佩里叩关给日本的未来敲响了警钟，国人的身份认同与国家归属感至关重要，天皇精神领袖的地位也不可剥夺。

或许，京都人的"国家意识"就源于那时。因为不论谁站在政治前台，天皇都能够在后台保有自己的权威，而作为御所所在的京都，才是如假包换的"帝都"，才是真正最能代表日本的地方。

第三节　町人的舞台

工商业之町

京都的主人在轮换，天皇、贵族和武士都在奋力争夺这一头衔。人们常常将目光放在这三类人身上，却没想到"京都的主人"似乎不应局限于此，天皇、贵族和武士毕竟是人群中的少数，京都的活力还在于构成这座城市最基本的细胞——市民。历史上京都的市民有特定的称谓：町人。仔细留意这些町人的一举一动，才能发现京都隐藏在都城名头之下的市井灵魂。

在平安京建都之始，町就作为最小的行政单位，构成了平民们生活的空间。各町纵四列（行）、横八行（门）划分出32个区间，每户平民被分到一个区间。这块东西长30米，南北宽15米的土地，算起来面积足有450平方米，虽然比不上天皇的御所，但也够大了。不过那时大多数空间尚未开发，建筑还不密集，町四周常被围墙和水沟环绕，每户人家只能把门开在东西侧的小路。这样的封闭街道不过是划分行政的单位，谁也不会想到城市工商业的苗头会从这里燃起来。

平安时代后期，伴随社会的稳定和人口的增加，町内有手工作坊营业，不少迎来送往的商户门扉也被频频推开。为了适应这种变化，町内的居民将周围的围墙推倒，在南北方向和四周道路都设置了出口。原先的条坊制结构解体，各个街道都贯通起来，每条路还有了对应的名字，京都的孩子把它们编成歌谣："姊、三、六角、蛸、锦……"

特别是大内里东部的诸司厨町①，这里原本是宫廷用品的生产基地，分为织部町、木工町、修理职町等。随着律令制的解体，官厅部门机构缩减，这些专供贵族的物品便跟着手工艺人们流入民间。他们在此经营起自己的生意，和大量寄居于此的外来人和睦共处。宽治（1087—1095）、康和年间（1099—1104），修理职町因房屋密集频发火灾，由此见得当时房屋的密集。

平民们也有自己的生意经，他们在面向街道的一方开门开窗，撑起棚子摆放商品，赚得小钱贴补家用。这种棚子被称为"见世棚"。在平安末期成书的《年中行事绘卷》中，我们都能清晰看到这种庶民的住宅样式。已知院政时期京都町内就有从事工商业的人出没，但直到江户时代，他们才被冠以特定

---

① 诸司厨町：又称"官衙町"。

的名称："町人"。

京都早期的繁华街区形成于平安时代末期，当时町尻小路和三条、四条、七条大路交会，这一带便成为孕育京都商业的中心。三条町、四条町的兴盛伴随着修理职町内的手工艺人迁移，而七条町则因靠近东市，作为商人们的居住地而得到发展。町人资金雄厚，即便经历了五大灾祸和源平内乱，这些地区的再建也非常迅速。《明月记》里这样描述镰仓中期的七条町："商贾满员，天下财富全部聚集于此。"

这里所谓"天下财富聚集于此"，除了商贾往来，也指这时候出现的土仓。土仓是富商们用来保管商品和财物的仓库，一开始还是私用，渐渐就演变成一种类似"银行"的机构——商人和庶民可以将自己的宝物、文书等重要物品寄存于土仓，以此作为担保来借贷。由于土仓同时经营酒屋的情况很多，因此两者常并称为"酒铺土仓"。

为了获得免除课税和垄断交易的权益，商人们委托寺院神社和名门望族对其保护，并且建立起了自己的行会商会，四轿夫行会便是其中一个代表。这个最先由给天皇抬轿子的轿夫组成的行会，在与山科家、正亲町家、中御门家竞争营业权后，获得了免除各种义务的特权，随之吸引了大量工商业者的加入。永享三年（1431），四府轿夫行会的米商们哄抬米价，甚至导致京都一场饥荒。

江户时代，城市工商业得到繁荣发展。虽然根据当时实行的"士农工商"身份制度，商人属于最底端的阶层，但他们却拥有相当强大的经济实力。特别是元禄年间（1688—

1704），京都的传统手工业达到鼎盛，西阵织、友禅染、清水烧等甚至形成了产业集群。

在1691年德国医生肯普耶尔的记录中，描绘了京都乐器、漆器、铜器、印刷书籍、染布织布、雕刻工艺品、玩偶等等的精美优质，以至于他不由得感叹："哪件物品只要说是京都制造，即使事实上并不好，人们也会承认它比其他东西优越。"①

町众的自治

伴随町内的工商业发展，町人的自治组织也逐渐兴起。

10世纪末期京都出现名为"保刀祢"的职业，它可以算作检非违使的末端组织，除了安保、行刑的职能外，还要负责民事方面的工作，后者一般由町内居民担任。《今昔物语集》中记载了一对父子因儿了偷瓜要断绝关系的故事，"该町的长者"作为保刀祢为他们做了担保。在这一时期，保刀祢是承担初步自治功能的存在。②

应永二十四年（1417），在绫小路大宫与四条大宫之间的一处矮屋门前，有二人欲行凶，町人们闻讯赶来，成功将他们制服并送到了侍所。可见，这时候町的保卫工作，并不是政府负责，而是由当地町人自主承担的。③

---

① ［日］林屋辰三郎. 町人から市民へ［M］. 讲谈社，1973.

② ［日］高桥昌明. 千年古都：京都［M］. 高晓航，译. 上海：上海交通大学出版社，2016.

③ ［日］林屋辰三郎. 京都［M］. 李濯凡，译. 北京：新星出版社，2019.

　　町人有了自治意识后，自治组织也慢慢建立起来，最早可追溯到战国时期。彼时战乱四起、治安恶化，为了自我防卫，町周围竖起土墙、堡垒，各处出现了作为要塞的"构"，还配备有市民组成的自卫军。这样的武装力量在法华一揆时正式获得认可。天文元年（1532）八月，一向宗（净土真宗）武装势力涌入京都，法华宗（日莲宗）联手时任管领的细川晴元，与一向宗势力展开斗争。参战双方中，法华宗以町众、土仓众信徒为主，一向宗则以农民信徒为主，这场新旧势力的斗争，最终以山科本愿寺被烧、双方媾和结束。但町人们却通过这场斗争确立了对京都的自治权，包括武装反抗农民一向军的进攻，维护京都治安，减免上缴幕府的军粮、年贡和地子钱等。这种自治的根本目的还是在于维护町人的利益。

　　动乱过后，京都町众建立了自治的"町组"。上京有立卖组、小川组等，下京有西组、中组等，由"总町"把上京和下京的町组联合起来。町组具有町内土地、房屋买卖管理，为临街商铺的生意提供保障和融资等功能。有房产的町人每月轮流担任"月行事"，负责町组内的事务管理和町组间联络，使京都形成了"总町——町组——个体町"的多重构造，虽然仍受天皇、公家、寺院神社和武士的制约，但这种居民自治体制对于稳定社会秩序的积极作用不容小觑。

　　町之间的联系加强，町的空间布局也发生了改变。街道对面的单侧町逐渐合并，形成夹道的龟甲形"两侧町"，两边住户的联系也加强了；而四户"背靠背"的住家，则通过一个后院连接起来，他们共享菜地、水井和晒场。

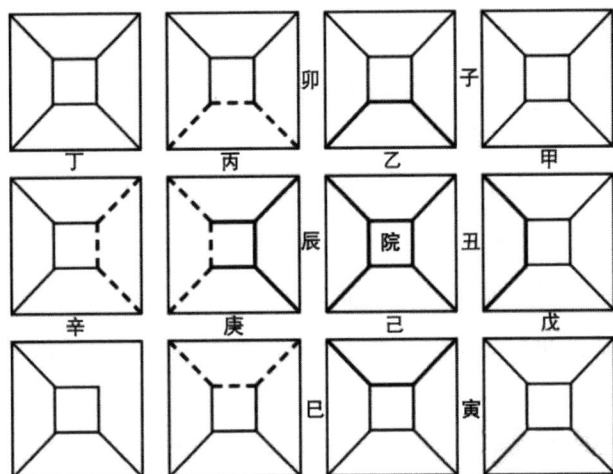

图2 "龟甲形"町组（图源：林屋辰三郎《京都》）

町的自治在江户时代被削弱。德川幕府在每个町组设置1名或2名町代，这一职位原本只是京都市民的代表，但在宽永十一年（1634）德川家光上洛后，町代作为幕府末端官员的性质加强了——既要负责向京中各町传达、誊写、发布奉行所的法令或告示，还要代替不熟悉官府事务的市民，向町奉行所转达其诉讼、申请等。

原本町人的自治权转移到町代身上，享保年间（1716—1736），町代的职务进一步扩大，甚至要负责寺院神社的管理、房屋买卖的斟酌、祭祀时的警备以及罪人的逮捕等事务。

久而久之，町代的独断专行引起京都町人的不满，文化十四年（1817）四月至文政元年（1818）十月，町组提起了被称为"町代改义案"的诉讼。最终町组胜诉，町组的自治权一定程度才得到恢复。

庶民的生活

今天的京都人常常被别人形容为"表里不一"，其实这种印象，在古代就有了。

作为西阵织、友禅染的发源地，京都女性对服装的要求可谓是极致。经常被拿来作为证据的，是宝永七年（1710）前后，京都银座年寄中村内藏助和大阪富商淀屋辰五郎两家的老板娘，在京都岚山斗衣的故事。京都的老板娘凭借黑羽二重，胜过大阪老板娘华丽之至的和服，足见京都人在服装艺术上的造诣。有人说"京都人穿穷"，意思就是京都人好像把钱都花在衣服上了，与之相对的，京都人的日常饮食上却简单得很，甚至被挤兑为"茶泡饭"。

严格来讲，这种说法并不准确，因为大部分京都女性的日常穿着其实非常朴素，而在吃食上，京都也有高级的怀石料理。表和里的区别，并不能简单概括为"衣服"和"食物"的区别，而更多是"呈现给外人"和"呈现给自己"的差异。所谓京都人的气度——在内尽可能隐忍，在外绝不比别人差。

这种竞争意识源于町之间。如上文所述，町与町的空间连接不仅促进了町人的团结意识，同时也滋生了一种较量意识。每天抬头不见低头见，难免会顾及邻家的店面是不是开得比自己家大，邻家的主人是不是穿得用得比自己家好。盂兰盆节时，町人们常比试谁家的盂兰盆舞跳得好；祇园祭时，又看谁装饰的山鉾彩车最华丽。

说到祇园祭，就不得不多提几句了。这个祭礼原本由公家、幕府主办，是为了请求祇园之神为世间消除灾祸、镇压怨灵。应仁之乱后，荒废了29年的祇园祭，在町人的支持下复兴。这时举办祇园会的资金都来自町人缴纳的"祇园会地口钱"，可以说祇园祭已经完全变成了町人的祭礼。出资以外，巡行的山鉾彩车也是由町人自己设计装饰，所以每年从夏天开始，大家就要集会商议彩车的布置方案。

话说回来，京都町人的竞争表现出一种独立，他们带有比较强烈的个体意识，不是非得争个你死我活，互不侵犯、互不添麻烦，这才是他们的生活之道。

这一点从町人的住宅就可见得一二：町屋①两侧都立着"风火墙"，避免自家火灾殃及别家。瞧，京都人，就连生死攸关的大事也不愿给别人添麻烦吗？

町人的住宅自是京都人生活的缩影。这种"店宅合一"的木造房屋，门面窄，纵深长，形似"鳗鱼的床"。面向街道的空间是店铺，进门后穿过狭长的通道，推开纸门，里面才是主人家的榻榻米房间。再往里走，坪庭的风景映入眼帘，光线从上空投下，让四周都变得明亮柔和。最里面或许还有一间仓库，用来储存主人家的货品。町屋这种狭长形的结构，据说是因为当时的建筑要按照房屋正面的宽窄收税。但或许也可以解释为：京都町人们互相谦让，都想给邻家留更多的门面空间吧！

从外部来看，町屋的特色在于红壳格子、虫笼窗和"犬矢来"。红壳格子是颜色浓重的格条板窗，卸下它，封闭的门面就能立刻变得敞阔，还可以在祇园祭时发挥"观众席"的作

---

① 町屋：即町人的传统住宅，又称"町家"。

用；虫笼窗是町屋二层一种包着木格栅的窗户，它可以在保证房屋通风采光的同时，保护好房屋内部的隐私；"犬矢来"是临街墙角处竹子做的弧形结构，是为了防止雨水从地面反弹到墙面，从而保持墙面清洁。

町屋的一砖一瓦，都蕴含了丰富的功用和美学。可以说既有平民的特色，又能看到些贵族雅文化的影子。比如坪庭，这种微缩版的精致庭院，把枯山水引入平民屋中；茶室，也是对茶道的一种传承。这与江户庶民文化的反抗特征不同，京都的庶民文化可以说是雅与俗的完美交融。

不过，这种木结构建筑经不起天灾人祸，今天我们看到的町屋，大多都是江户时代修建的，而那些最早在平安时代中期建的町屋，早就在几次内乱、大火后不见了踪影。虽然城市防灾能力一再提高，但在现代化建设浪潮下，町屋再一次面临消失的危机。据统计，在2009—2016年的8年间，已经有5602座町屋变为现代化高楼[①]。为了保护这些传统民居，日本政府一方面大力投入资金对町屋进行修缮，另一方面也积极探索町屋的现代化出路，意图将町屋改造成特色的商店和民宿。

抚今忆昔，京都的主人在天皇、贵族、武士间几经轮转，但如果我们只把京都看作天皇贵族的城市，将庶民文化等同于江户城之专属，那可就大错特错了。应该说，町人或者市民才是京都的灵魂，他们拥有的独特文化生活，即便是今日的京都人，他们的剪影中也有町人的萍踪。

---

① 付玉梅. 京都"京町家"再生记［EB/OL］.［2019-05-30］. http://www.xinhuanet.com/globe/2019-05/30/c_138094038.htm .

第三章 "京都八百寺"

在京都，除了随处可见的神社，人们还能看到林立的佛寺。日本古谚有言："东京八百町，大阪八百桥，京都八百寺。"[1]三个"八百"道出了日本三大都市的特色：东京多市町，大阪多桥，京都多佛寺。然而，"八百"并非确数，京都的佛寺实际上不止800座，而是超过了1700座。[2]

佛教在6世纪传入日本，经过"大化改新"，佛教在天皇的推动下快速发展，与政治联系紧密，到了奈良时代，一度出现僧侣干政的混乱情形。桓武天皇将都城迁到平安京的原因之一，就是意在削弱在奈良根深蒂固的佛教势力对朝廷的影响力。从这一点来看，京都在成为日本都城伊始就与佛教结下了不解之缘。

迁都平安京后不久，东寺和西寺相继开建。兴建这两座寺院，除了镇护国家的目的外，还有禁止私寺、管制寺院，避

---

[1] 樱雪丸. 从唐风到和风：以京都为原点的日本文化独立战争 [J]. 国家人文历史，2018（17）：76-81.

[2] 茶乌龙. 知日·世上只有一个京都 [M]. 北京：中信出版社，2018.

免佛教干预政治的意味在其中。但是随着律令制逐渐走向崩溃，各种私寺如雨后春笋般层出不穷。镰仓时代，武士阶级崛起，佛教也适应了时代之变，发展出带有民族特色的新佛教宗派，如净土宗、净土真宗、日莲宗等，同时在幕府的支持下，由中日禅僧从中国引入的禅宗流派如临济宗也得到快速发展。在时代更迭中，日本佛教由以天皇、贵族为中心的宗教，向以平民阶层为中心的大众宗教转变。

第一节　王城的守护者：东寺与西寺

说起京都作为都城的缘起，就不得不提到佛教。延历三年（784），桓武天皇将都城从平城京迁至长冈京，决定他搬离奈良来到京都的其中一个重要原因便是佛教势力对朝廷的威胁。

奈良时代，宗教与政治相互勾结，佛教成为统治阶级政治教化、控制人心的一种"工具"。这一时期，朝廷大兴佛寺，大力展开佛教教育，以至于后来桓武天皇等人已经无法控制事态的走向：在经济上，皇室对佛教寺庙的疯狂投入使国家财政支出巨大，国民经济面临崩溃；在政治上，佛教开始凌驾于君权之上，使日本长久以来建立的律令政治面临废弃。

尤其是"道镜事件"的发生，让皇室正统血脉的底线被践踏在地。道镜是一名僧人，因为侍奉患病的孝谦上皇①而深

---

① 孝谦上皇：生于养老二年（718），卒于神护景云四年八月四日（770年8月28日），是日本第46代天皇，是一位女天皇。

得上皇喜爱，得以自由出入宫廷内部。之后，道镜的势力越来越大，甚至被赐予"法王"的称号。

法王拥有自己的宫殿和文武官僚，他颁布的文件同天皇的诏书、敕令一样，有号令天下的效力。道镜求索无厌，开始觊觎法天皇之位。神护景云三年（769），道镜授意大宰府的主祭司假传神谕，逼迫称德天皇让位于道镜。所幸大臣和气清麻吕识破了道镜的阴谋，他的篡位之梦才没能得逞。

有了这样的前车之鉴，桓武天皇下定决心要实现政教分离，努力恢复律令政治，才从佛寺盘踞的奈良搬到了京都。这之后，桓武天皇又积极推行钳制佛教势力的措施：一方面下令奈良佛寺的本山①不得进入平安京，另一方面取消了僧侣对政治的发言权，同时还禁止私建寺院、禁止向寺院捐献田宅园地等。②

但是这并不代表桓武天皇自此废绝了佛教。当时佛教的影响力非比寻常，桓武天皇若要稳固统治，必须还要依靠佛教的力量。东寺和西寺就是这种矛盾的产物。延历十五年（796），东寺与西寺在桓武天皇的敕命下开工。它们以平安京的正门——罗生门为中轴对称分布。罗生门是进入京都的第一道关卡，桓武天皇将东寺与西寺设在此处，意在让它们发

---

① 本山：是日本佛教用语，指特定佛教宗派内，被赋予特别地位的寺院，等同为该宗派的大本营或根据地。其中又有总本山、大本山、别格本山、本山几个不同等级区别。

② 韩宾娜. 关于平安迁都的宗教原因［J］. 东北师大学报，2003（03）：61-65.

挥皇城守卫的政治功能。同时这个位置又处在平安京的南边界，远离北部的朝政中心大内里，暗示着桓武天皇想让佛教远离政治的意图。

弘仁十四年（823），东寺与西寺迎来关键转折。这一年，嵯峨天皇下赐东寺给空海，西寺则交予守敏大德。空海从唐朝得密教真传，自大同四年（809）开始就一直在平安京北方的高雄山寺致力于密教布教，并开创了独立的宗派"真言宗"。在空海看来，佛教有两种：显教是"逗机应化"说法，而密教是"秘奥实说"。作为密教的真言宗，其核心教义在于"即身成佛"，即不须改变现在的肉体，就能够成为正知正觉的佛。同时，他认为佛教应服务于君主的政治，他主张的"四种护摩"，即消除凶难的息灾法、增进福利的增益法、召集善类的钩召法、降服凶顽的降伏法，都是些镇护国家、保卫天皇的咒术。[①]

空海的主张正好迎合了巩固新生政权的需求，因而受到嵯峨天皇的赏识。弘仁七年（816），空海被任命为十名内奉侍之一，四年之后，又被授予传灯大法师位。就在嵯峨天皇即将退位之际，他宣布将东寺永久赐予空海。

空海意在将东寺建成密教的中心道场。接手东寺后，他把从唐朝带回经书、法器等一应事物集中于此，供密教僧专修密教使用。从天长二年（825）起，东海还建造了讲堂、五重塔。统治阶级也积极推动东寺的发展：为了稳固它的财政，嵯

---

① 王树义. 国风文化对日本平安时代教育的影响［D］. 河北大学，2017.

峨天皇将布势内亲王的庄田转给东寺，同时还许可空海进入宫中参拜天皇以及到全国巡讲真言宗教义。后来，淳和天皇批准东寺常驻五十名僧人，并且不允许除真言宗之外的其他宗派僧人杂住，成为日本历史上一宗一寺的开端。

作为国家经营的官方寺院，东寺带有强烈的"护国"色彩，这也正切合真言宗的教义。每年正月八日到十四日，东寺的僧人都会在大内里的真言院道场举行修法，为天皇身体健康、国运繁荣昌盛、百姓百姓平安富足而祈愿，这便是"七日御修法"。弘仁十四年（823），空海奏请嵯峨天皇将东寺改名为"教王护国寺"，确立了东寺作为镇护国家根本道场的地位。

而与东寺相比，西寺的发展则逊色很多。首先，接手西寺的守敏大德只是真言教一支派的僧侣，地位比空海低了很多。更何况，守敏一心与空海对着干，直到天长元年（824）夏季神泉苑求雨失败，西寺才彻底败下阵来，默默无闻。

从此以后，西寺失去了朝廷的支援，和右京一同衰败了。正历元年（990），西寺遭遇火灾，大半部分被烧毁，虽然后来真言宗僧侣文觉上人①试图重建，但这一工程只修理了佛塔就被搁置了。如今西寺原址只剩下一处"守敏冢"的遗迹，令人扼腕叹息。

---

① 文觉上人：日本平安时代末期至镰仓时代初期的武士，镰仓幕府重要幕僚之一，同时也是真言宗的僧侣。他在源赖朝和后白河法皇的支持下，相继复兴了神护寺、东寺、高野山大塔、东大寺、江之岛弁财天等佛教建筑。

第二节　鬼门上的寺院：延历寺

就在真言宗兴起之时，日本的另一佛教宗派——天台宗也发展得如火如荼。

天台宗的总本山延历寺，位于滋贺县大津市坂本本町。因坐落于比叡山山顶，又称比叡山寺，是京都十七处世界遗产之一。它的开基者最澄[①]，原是奈良东大寺的一名僧人，因不满当时佛教的迂腐，于是在延历四年（785），独自登上比叡山建一草庵修行。三年之后，他将草庵发展为根本中堂，并将主祭神药师的佛像安置于此，自此这座寺庙被称之为一乘止观院。但此时的一乘止观院不过是一个普通的修行道场而已，并未得到朝廷的认可与重视。这样的局面在桓武天皇延历十三年（794）迁都至平安京有了转变。

迁都之后的桓武天皇想要摆脱佛教旧势力的干涉，开始物色新的、能够服从于自己的佛教领袖。彼时，和气清麻吕是桓武天皇的重用之臣，他发现比叡山上的最澄是个不错的人选。最澄醉心天台宗研究，他认为"佛教之宗旨，在于国家之守护"，因此天台宗的特色之一就是"护国思想"——以镇护国家、积福消灾为祈祷修行目的。

作为天台宗的代表人物，最澄不仅才智出众、抱负远

[①] 最澄：俗姓三津首，幼名广野，日本近江国滋贺郡人。少从近江国师行表高僧出家，后赴南部，在鉴真生前弘法的东大寺受具足戒，并学习鉴真和思托带来的天台宗经籍。平安时代的僧人，日本天台宗的开创者。

大，而且不与旧佛教同流合污，这让和清气麻吕非常欣赏。于是，受和气清麻吕的引荐，最澄有机会觐见桓武天皇。延历十六年（797），最澄被任命为内供奉，并迅速得到桓武天皇的赏识。为支持最澄的修行，桓武天皇还命令将近江国的部分税收转给一乘止观院用作日常开支。

桓武天皇对最澄的重视还可以在另一件事情中体现出来——将一乘止观院当作安镇鬼门的道场。彼时，桓武天皇还没有从怨灵的阴影中完全走出，对怨灵这类事件非常敏感。迁都至平安京后，他为避免怨灵继续在新都城作祟，开始提升京都面对怨灵的守护能力。

根据阴阳五行学说，当时的人认为平安京东北方向是众怨灵进入的必经之路，即"鬼门"，而与之正相反的西南方向，则被称为"后鬼门"。若要防止怨灵进入京都，就必须在这两处设置非常强大的结界。一乘止观院正好处于平安京的东北方向，可作为封堵鬼神的第一大门——一旦京城内有灾难发生，僧人们便在寺内举行法事，以降服恶魔，保护都城的安泰。

除封堵鬼门的第一道大门——一乘止观院外，同位于比叡山上的日吉大社成为封堵鬼门的第二道大门，第三道大门则是处在鬼门轴上的四明岳。三者联合，层层把关，阻止东北方向众怨灵的进入。而西南方向的后鬼门，则由石清水八幡宫把守。除此之外，桓武天皇还在平安京周围修建了很多寺庙与神社，它们一起组成了非常严密的结界，共同维护都城的安宁。

不负桓武天皇的支持，最澄的造诣愈发深厚。延历二十一年（802）在和气清麻吕之子——和气弘世举办的宣讲会上，最澄所讲的天台三大部获得奈良十余位高僧的一致认同，可谓前所未闻。桓武天皇大喜，遂命令和气弘世与最澄商议传天台法门事。于是，延历二十三年（804），最澄带着寻访天台典籍善本，订正阙文讹字，寻访名师、承接法脉的任务，远渡中国。能够承接中国天台宗的法脉，最澄的正统性就可在日本佛教界获得认可。

在中国游历了八个多月，最澄带着230部460卷书籍回到日本[①]后，桓武天皇立即命人将最澄带来的天台疏章各抄写七部，放置于七大寺[②]中，供选学僧学习。延历二十五年（806）正月，最澄请奏在南都六宗之外，增加天台法华宗。朝廷同意了最澄的请求，日本天台宗正式创立。自此，一乘止观院成为日本天台宗的总本山。

弘仁十三年（822），最澄圆寂。第二年，一乘止观院被天皇赐名"延历寺"，此称呼一直沿用至今。

受统治阶级的推广，日本各地的僧人前往延历寺修行，名僧辈出：法然、亲鸾、荣西、道元、日莲……他们从延历寺走出之后，成为日本佛教各流派的创始人。法然成为日本净土宗开山祖师；亲鸾成为日本佛教净土真宗的初祖；荣西成为日本临济宗的初祖；道元成为日本佛教曹洞宗创始人，同时也是

---

① 王颂. 世界佛教通史·第九卷：日本佛教 从佛教传入至公元20世纪［M］. 北京：中国社会科学出版社，2015.

② 七大寺：公元8世纪后半叶，大安寺、元兴寺、药师寺、兴福寺、东大寺、西大寺、法隆寺并称为七大寺。

日本佛教史上最富有哲学的思想家；日莲则成为日本佛教日莲宗创始人……对于这些流派创始人，延历寺如数家珍，甚至可以说，它就是"日本佛教的母山"。

第三节　皇家之寺：大觉寺与仁和寺

大觉寺是真言大觉寺派的大本山，位于京都市右京区嵯峨野东北方，原本是嵯峨天皇的离宫，于贞观十八年（876）被嵯峨天皇的女儿正子内亲王改造为寺院，得名大觉寺，由淳和天皇的皇子恒贞亲王任第一代住持。或许因为以前是天皇的宫殿，本就富丽堂皇，又有日本最古老的人工池塘——大泽池，所以即便改造为寺院，其建筑构造也不同于京都传统寺庙。

从大觉寺出发，向东走约4公里，这里有入选世界文化遗产名录的仁和寺。它是日本真言宗御室派总寺，于仁和二年（886）受光孝天皇敕命建造，可惜寺庙还未竣工，光孝天皇便中道崩殂，只好由宇多天皇接手，最终于仁和四年（888）落成。仁和寺竣工之后，宇多天皇与各法皇均出家于此，并获得"御室御所"的称号，由皇家担任住持直到明治维新，才打破这一规律。

可以发现，大觉寺与仁和寺的共同点均由皇家的法亲王担任住持，在日本佛教用语中，这样的寺院被称为门迹寺院，但门迹寺院又不局限于皇家，还有其他群体。不同的群体有不同的称谓：亲王居住的寺院称为宫门迹，摄家子弟居住的寺院称为摄家门迹，清华家①出身的住持寺院为清华门迹。大觉寺与仁和寺当属第一种。

关于门迹寺院起源，可追溯至宇多天皇在仁和寺出家之际，进入镰仓时代后，摄家子弟也逐渐在特定的寺院出家。随着这种现象的频繁出现，"门迹"逐渐成为出身皇室和贵族之人继承的特定寺院称号。室町时代之后，"门迹"就作为寺格被确立，同时由于门迹寺院的数量过多，为了统一管理门迹寺院的相关政务，室町幕府还设置了门迹奉行。

那么，为什么京都会出现如此多门迹寺院呢？

首先是国分寺的衰落和私寺的兴起。进入平安时代后，圣武天皇确立的国分寺制度逐渐解体。中央没有足够的经费维持全国各国分寺、国分尼寺②的日常运转，那些寺院不是因年久失修而被废弃，就是被转到私人名下，还有一些受到火灾或地震的冲击而被摧毁。

于是乎，私人寺院在此时大量冒头，其中不少还是由皇室和贵族出资兴建的，前者如嵯峨天皇兴建的观空寺、檀林皇后兴建的檀林寺、淳和皇后兴建的大觉寺等，后者则有菅野真道的云居寺、藤原绪嗣的泉涌寺、平高栋的平等寺、清原夏野的双丘寺等。

随着律令制解体和庄园的兴起，私寺的情况愈演愈烈，

---

① 清华家，是公家家格的一种。家格位于最高位的摄家之下，大臣家之上。

② 国分寺、国分尼寺：是天平十三年（741）圣武天皇为了镇护国家，下令各令制国建立的寺院。国分寺的正式名称是金光明四天王护国之寺，国分尼寺则是法华灭罪之寺。

由天皇法院兴建的御愿寺成了主流。御愿寺不需要接受国家的监督，而且还拥有较高的政治地位。①

其次，在摄关政治时代，一些天皇为了同摄政进行搏斗而主动让位于自己的子孙，表面选择出家，实际借由上皇之名施行院政，操控大权。当然，也有天皇卸任选择出家是单纯地厌倦了权力争斗，而遁入空门，心向佛法，寺院成为他们长久的栖身之地。

到寺院修行的天皇有了新的称号——法皇。根据统计，从日本历史上第40代天皇天武天皇，至第112代天皇灵元天皇，一共有40位天皇卸任之后削发为僧，并自称法皇。在日本历史上的126代天皇中，约有三分之一的天皇出家，而皇后与皇子出家的人数更多。其中，皇子出家为"法亲王"有170多人。②

除此以外，还有众多贵族也出于争取权势等各种原因选择出家。皇亲国戚好歹也是站立在"食物链顶端"的群体，寺院为了"攀上高枝"获得特权，主动向他们投怀送抱，自愿成为他们的私属寺院。这样一来，越来越多的门迹寺院在京都出现。

门迹寺院大兴，让僧界重视学识和修为的传统被打破，僧职也开始启用世袭制，越来越重视出身和血统。这让那些希望通过出家而出人头地的中小贵族的希望渺茫。

---

① 王颂. 世界佛教通史·第九卷：日本佛教 从佛教传入至公元20世纪［M］. 北京：中国社会科学出版社，2015.

② 王颂. 世界佛教通史·第九卷：日本佛教 从佛教传入至公元20世纪［M］. 北京：中国社会科学出版社，2015.

上层贵族彻底垄断了高级僧侣的职位，但他们中的大部分人并未打算潜心修佛，只是来到寺院享受各种特殊待遇，他们还将世俗的思想与生活方式，以及贵族间的利害关系带入佛教，使佛教彻底世俗化，接连出现腐败现象不说，寺院、宗派之间的矛盾也进一步复杂、激化。佛教与贵族文化相互交融，令佛教原有的出世性被淡化了，而贵族文化又被佛教化。贵族们热衷于举办各种法会，比如正月的"御斋会"、三月的"最胜会"、十月的"维摩会"等，它们被称为平安时代的三大会。

在此境遇下，一些不愿搅入斗争的人，选择离开寺院，隐于山林，潜心修佛，并走向民间传道，成为镰仓时代的圣僧，为镰仓新佛教的形成埋下伏笔。

第四节　法师之争：清水寺

在京都市东山区清水区域内，坐落着日本最古老的寺院之一——清水寺。这座寺院建在悬崖之上，大殿前延伸出的悬空"舞台"，高13米，由18根十余米的大圆木支撑。[①]站在这里，京都的街道尽收眼底，从古至今一直吸引着人们前来游览参观。

现今我们看到的清水寺，是宽永十年（1633）由德川家康重建的，而最初的清水寺，相传则是一位名叫贤心的苦行

---

① 清水寺官网. 清水寺的历史［EB/OL］.［2021-02-08］. https://www.kiyomizudera.or.jp/history.php.

僧,于宝龟九年(778)所建。①一日,他梦见一白衣老者告诉他"向北处求取清泉",于是他一路向北,终在音羽山见到一眼喷涌的泉水。泉水边有一草庵,在内修行的老人赠予他一块灵木,并让他用这灵木雕刻千手观音像,守护这片观音灵地。贤心意识到这是佛的旨意,遂留在此处祭祀观音,并给草庵取名清水寺。

两年之后,第二任征夷大将军坂上田村麻吕为让妻子顺产,前往音羽山狩猎鹿血,与贤心相逢,被劝皈佛门。延历十七年(798),坂上田村麻吕亲自督促扩建清水寺。八年之后,清水寺成为桓武天皇的敕愿寺,得到官方认可。

平安时代末期,战乱四起,极乐净土思想开始受到推崇。清水寺成为人们眼中的"纯洁之地"——只要在清水寺结束生命,就可以通往极乐世界。可即便清水寺如此"纯洁",处在前文所述的佛教世俗化背景中,清水寺也未能与权力纷争脱离关系。本应该在寺庙安分修行的僧侣们,却沉溺于世俗的花花世界,被人们视为扰乱世相之人。

那时,寺院为夺取利益常常争执不下,就抬着各自的神物强行进入都城,到朝廷或是贵族重臣家门口抗议。若僧侣们的意见未被朝廷或贵族采纳,他们就将神物丢弃于此,甩头而去。在平安时代,神物在人们心中神圣且不可侵犯,不可以被人蔑视,因而贵族们拿这些被丢下的神物束手无策,有的干脆一躲了之,甚至干扰到朝政秩序。

----

① 茶乌龙. 知日·世上只有一个京都 [M]. 北京:中信出版社, 2018.

僧侣们抬着神物进京的事件愈发频繁，从以前的几十年一次，发展至几年一次，最后呈现出一年好几次的混乱局面。据统计，自14世纪末到16世纪中叶之间，寺院间进行争斗、僧众抬神物进京强诉的事件有二百四十几起，其中院政时期就超过六十回。①

最具有代表性的一次就是清水寺事件。永久元年（1113），兴福寺与延历寺因争夺清水寺的控制权而展开角逐，事情的起因是朝廷任命延历寺出家的圆势为清水寺别当。兴福寺作为日本法相宗的大本山，掌管着法相宗大发展，而清水寺是法相宗的衍生派系，为兴福寺的下辖寺院。得知这一消息的兴福寺认为，延历寺是天台宗的大本山，让天台宗的僧人接手法相宗的寺庙大有不妥。

同时，兴福寺作为藤原氏的氏寺，里面供奉着众多藤原氏的神物，其中，神木就是藤原氏家族祖先的象征。为使朝廷撤回由天台宗之人担当清水寺别当的决定，兴福寺僧人们遂抬着神木，浩浩荡荡地向着东南方向进京，以此作为谈判的筹码。

这边朝廷还没想好如何平定兴福寺僧人的怨气，不料京都东北方向——比叡山延历寺的僧人们也抬着神舆往都城前进，他们的诉求则是要处置兴福寺带头闹事的之人：实觉。当时正值白河上皇担任法皇并实行院政，面对"两面夹击"，白河法皇向众臣询问解决之道。有臣子建议：院政下上皇掌控实权，藤原氏的势力已遭到一定程度的削弱，此时抑制兴福

---

① 章雄. 日本历史3·平安贵族［M］. 读卖新闻社，1987.

寺，正好释放出别有意味的讯号。于是，白河法皇站在了延历寺僧徒一方，处置了实觉。面对这样的结果，兴福寺一步也不后退，甚至更为咄咄逼人——不仅要求赦免实觉，还要求流放天台座主，占有延历寺下的祇园，若不同意，就要发动僧兵进攻比叡山！

朝廷、兴福寺、延历寺的僧人，三方绷紧的弦终于"嘣"的一声断裂。兴福寺一方的僧兵从奈良浩浩荡荡出发，延历寺的僧兵也已做好反击的准备，不甘示弱。而朝廷这方，以平正盛、平忠盛为首的武士首领坚决反对兴福寺进兵都城，遂在奈良与京都之间的宇治，与兴福寺僧兵展开激烈战斗，最终击退了兴福寺的僧兵。

僧兵是这一时期新创立的组织。起初，寺院为了安置个别游手好闲、不学无术的下层僧侣，把他们组织起来临时负责维护治安。

到了平安时代后期，一些有野心的上层僧侣趁机把这些僧人整编成了强有力的武装力量，对他们的称呼也由"恶僧"转变为"僧兵"。僧兵不同于寺庙中潜心修行的僧侣，他们的人员结构复杂：逃税的农民、寺属庄园的农户、下层武士、不法之徒……随着寺院的发展，僧兵越来越多，以至于10世纪时，其人数多到寺院管理者都无法应对。

清水寺事件中的延历寺僧兵与兴福寺僧兵，可以称是众多寺院僧兵中，实力最为强大的两派。前者又称山法师，后者又称奈良法师。

山法师的出现是天台宗内部分裂的结果。日本天台宗创始人最澄之徒园仁，与徒孙园珍为争夺比叡山的控制权撕破脸面，分化为慈觉派和智证派。与慈觉派相比，智证派处于劣势，被驱逐出比叡山，退居至圆城寺。慈觉派和智证派自此演化为山门（即山法师）和寺门。两派别"火药味"十足，数度兵戎相见。如《春记》所言："僧等成群党，显刀剑，横行京中，杀害为宗……叡山滥恶不可云云。"除此之外，山法师还借助朝廷，几乎灭门寺门，可见其凶残程度。就如白河法皇感慨：贺茂川的水灾、双六的游戏①以及山法师是"人间的三不如意"。

法相宗作为奈良佛教的代表，长久以来受藤原氏族的"扶持"，在经济上与政治上都占据强势地位，所以它的代表寺院兴福寺的僧兵力量自然也不逊色。面对兴福寺势力的日益膨胀，它背后的支持者藤原道长甚至也称兴福寺不讲道理。

法师们对利益的无止争夺，发动的一次次充满血腥与暴力的战争，已经严重破坏了佛教在人们心中慈悲为怀的形象。面对僧兵的为非作歹，法师却坚称自己是在伸张正义。在白河法皇院政期间，各庄园主的纷争越来越多，作为庄园主势力之一的神社、寺院也对院政发出抗议的声音，清水寺事件就在这一背景下发生。在此之中，朝廷面对僧兵，只有依靠武士的力量去降服，武士阶级对于院政政权的重要性不言而喻。

看到这里读者心中肯定会有疑惑：迁都之际，桓武天皇下定决心要钳制宗教势力，真言、天台两宗的设立也是为镇护国家服务。可为什么这时候，许多寺院又凌驾于朝廷之上？为

———————————

① 双六：一种室内游戏，类似棋。

什么本服务于君主权力的宗教，又开始飞扬跋扈了呢？

其根本原因在于贵族统治者自身。贵族们希望此生无灾无祸，来世依旧荣华富贵，佛教恰恰为他们提供了这样的承诺。因此，他们一方面怀着侥幸，迷恋于祈祷、咒术，另一方面盲信因果，希望通过建寺造塔获得功德。[①]而天台宗、真言宗所谓"护国"思想，又让天皇贵族对佛教产生更深的依赖。最后，这一时期日本佛教势力迅速膨胀，贵族与佛教组织相互交融，贪腐堕落比比皆是。政界和佛教界都亟待新风气的到来。

第五节 极乐净土：知恩院

与贵族政治牵扯上的佛教，到了平安时代后期已经彻底失去了发展活力。天台宗与真言宗，与其说为普度众生，毋宁说成了天皇贵族的信仰特权。专研佛经、修敕愿寺为贵族专享。宗教与政权相辅相生，其目的在于镇护国家，而非服务于普通民众。

镰仓时代，佛教经过长时间与日本自然和社会条件的磨合，不再被当作异国咒术或深远莫测的学问思想，而成为能够体系化、合理化地说明日本人朴素世界观的思想。一些具有日本民族特色的佛教宗派产生了，包括净土宗、净土真宗、时

---

① 王颂. 世界佛教通史·第九卷：日本佛教 从佛教传入至公元20世纪［M］. 北京：中国社会科学出版社，2015.

宗、日莲宗、临济宗和曹洞宗六大宗派。[1]其中最早成立的，是净土宗。

实际上，净土信仰在奈良时代就已随着汉译佛经传入日本了。但那时净土教义由天台宗传播，虽然倡导观想念佛[2]和口称念佛[3]，但是侧重于前者，且并不否定念佛以外的诸行。到了镰仓时代，法然上人从唐代高僧善导的著作《观无量寿经疏》中吸收了"专修念佛"的思想，建立起带有平民性格的民族佛教——净土宗。

法然上人13岁遁入佛门，在延历寺从北谷的持法房源光学习，后来受叡空的影响，开始信仰净土，并一心钻研《观无量寿经疏》。在该著作中，善导提到"劝一切凡夫，一日七日一心专念弥陀名号，定得往生"和"一心专念弥陀名号，行住坐卧、不问时节久近，念念不舍者，是名正定之业，顺彼佛愿故"。法然对此"专修念佛"思想颇为感铭，遂弃其他法门，皈依阿弥陀佛本愿他力。承安五年（1175），法然辞别了叡空，从比叡山辗转来到京都，在现今知恩院御影堂的位置建了一座草庵，并据此传布净土宗教义。这就是现位于京都市东山区林下町的知恩院的雏形。

法然创立净土宗时，彼时的佛教界，"末法思想"十分盛行。平安时代晚期，日本出现了一系列自然灾祸和社会转型

---

① 净土宗、净土真宗和时宗属于净土系，临济宗和曹洞宗属于禅系，日莲宗属于日莲系。

② 观想念佛：即观察阿弥陀佛姿形。

③ 口称念佛：即念阿弥陀佛之名号。

的动乱——在佛教界，奈良的兴福寺和东大寺的斗争发展为僧兵恶战，世俗社会则出现了京都大火、近畿大地震、旋风和饥荒等等①，人们惶惶不可终日，将这些灾难都归结为释尊对末法时代到来的预言。一般认为，永承七年（1052）为末法之年之始，该年正值佛陀入灭后的两千年。

"我末法时中，亿亿众生，起行修道，未有一人得者。当今末法，现是五浊恶世，唯有净土一门，可通入路。"在法然的著作《选择本愿念佛集》的开篇，他就借用《大集月藏经》中的话指出：佛教已经进入远离佛陀在世的"末法时代"，众生素质低下，难以理解佛教经典中的深奥教理，再加上有"外道"和"恶人"的干扰破坏，众生难以凭借自身力量获得觉悟解脱。在这种形势下，只有将佛教简单化、世俗化，才能被众生理解和修持。

这种所谓的简单方法便是"口称念佛"。它的依据来源于阿弥陀佛所发"四十八愿"中的第十八愿："设我得佛，十方众生，至心信乐，欲生我国，乃至十念，若不生者，不取正觉。"在《观念法门》中，善导将这里"十念"的"念"解释为口的念诵："设我得佛，十方众生愿生我国，称我名字，下至十声，乘我愿力，若不生者，不取正觉。"净土宗宗旨便是"往生之业，念佛为先"。

---

①　《方丈记》中记载了平安时代末的五大灾祸，包括安元三年（1177）京都的火灾、治承四年（1180）在京都发生的龙卷风及其之后的福原京迁都、养和年间（1181—1182）的饥馑以及元历二年（1185）京都的大地震。

　　在当时信奉佛教的人中，只有贵族阶层有能力建寺、造佛像，而能够读懂佛经奥义并且严格"持戒持律"的人也不多。法然的口称念佛，无疑给平民信众极大的便利，其终极意义就在于："只是男女贵贱，不简行住坐卧，不论时处诸缘，修之不难，乃至临终，愿求往生，得其便宜，不如念佛。"①阿弥陀佛以平等慈悲、普度众生为怀，这样一来佛教就从贵族手中解放，而得到处于社会底层的农民和新兴的武士的信奉，在日本社会广泛传播。

　　文治二年（1186），天台宗高僧显真召法然前往京都北边的大原胜林院论道，同席的还有三论宗明遍，法相宗贞庆，天台宗智海、证真等三百余位高僧。法然舌战群僧，他竭力疾呼：末法时代的芸芸众生已经不能适应原先的深奥教义了，只有简单易行的净土宗才是末法时代唯一可行的法门。最后法然成功说服了与会僧众，会后大家还和法然一起念佛三天三夜。②

　　建历二年（1212）法然圆寂后，他的弟子门徒感念师父恩德，在原先草庵的基础上新建了佛殿、御影堂、宗门等，把草庵打造成一座寺院，取名"知恩院"，并尊法然为开山祖。

　　后来，净土宗为江户幕府大力推崇，德川家康、德川秀中、德川家光三代将军对寺院进行扩建，意图将知恩院和二

---

① ［日］法然上人著；慧净编订. 选择本愿念佛集［M］. 1994.

② 杨曾文. 法然和日本净土宗——纪念日中友好净土宗协会成立30周年［J］. 佛学研究，2007（01）：291-300.

条城一起打造为德川家在京都的据点。寺院正殿的"三门"（又称"山门"），高24米，宽50米，屋瓦共计使用7万块，犹如巨人般俯瞰着京都御所，彰显着德川家的威势。

现今的知恩院分为上、中、下三段，上段包括势至堂、法然庙，中段包括正殿（御影堂）等中心伽蓝，下段则有三门和塔头寺院。其中，上段是开创当初的寺域，中段、下段的大伽蓝则是江户时代由德川幕府支持建造。

第六节　建仁寺、兴圣寺、南禅寺与京都五山

紧随净土宗之后，禅宗构成了思考镰仓时代新佛教的第二轴。

最先将禅宗带入日本的，是来自比叡山的和尚明庵荣西。荣西十四岁剃发出家，先后在比叡山修习天台宗、密教。仁安三年（1168）与文治三年（1187），荣西两度入宋，随临济禅①黄龙派第八代嫡孙虚庵怀敞参禅悟道，得以继承正宗临济禅的法脉。四年后，荣西学成归国，创立日本临济宗，开始在九州的福慧光寺、千光寺等地传教。

与法然的净土宗所强调的"阿弥陀佛名号本身就包含佛的一切智慧和光明"不同，临济宗推崇"心"在修禅中的作用，指出人要通过自身的修行来领悟佛教真谛。打坐是参禅的主要方式，它和口称念佛一样，都简便易行，能够为广泛的平民接受。针对当时佛教界的纪律问题，荣西还提出参禅必须以

---

① 临济宗：是汉传佛教禅宗南宗的五个主要流派之一。

持戒为前提，禅师要在生活上严格要求自己，衣食住行都极尽简朴，这给日本佛教带来一股清流。

不过，荣西的禅宗一开始并不受朝廷和旧佛派的待见。建久五年（1194），荣西入京传禅，遭到比叡山延历寺僧侣排斥，同年朝廷也颁布了禁止禅宗布教的宣旨。为了让统治阶层认可和接受，荣西提出"兴禅护国"理论，在他的著作《兴禅护国论》中，荣西指出兴禅可使菩萨善神保护国家，建立禅院就是为了护国利众生。过去天台宗这类旧佛教是向天皇贵族寻求庇护，而荣西的这一教旨则是在适应新兴武家政权的需要，加上禅僧持戒持斋、清心寡欲，与镰仓武士们崇尚俭朴、艰苦自励的精神恰恰吻合，临济宗获得了武士的信奉，成了武士阶层的镇护佛教。荣西本人也深受源氏重用，不仅多次任供养仪式导师，甚至还为源实朝祈福，被称作是"最接近上层的僧人"。建仁二年（1202），镰仓幕府第二任将军源赖家在京都创立建仁寺，请荣西为开山祖，这是日本第一座禅刹。

然而，凡事皆有利弊，护国理念一方面让临济宗得以站稳脚跟，另一方面又让它沾上世俗的印记，变得不再纯粹。除此之外，受到平安时代旧佛教传统和宋明禅"融合混杂"风潮影响，荣西的临济宗还混有天台、真言二宗特色，并没有把三宗完全分开，被称为"兼修禅"[1]。

同一时期道元创立的另一禅宗门派——曹洞宗，则具

---

[1] 罗时光. 宋明禅与日本禅"混融"性质的形成——镰仓"兼修禅"至江户初期禅［J］. 苏州科技大学学报（社会科学版），2020, 37（02）：1-9.

有反世俗化的"纯禅"特色。13世纪初，道元入宋求法，师从兴圣寺曹洞宗的长翁如净禅师。安贞元年（1227），道元回国，起初他打算在京都建仁寺传法，无奈建仁寺为荣西一派把持，没有道元的一席之地，他只好在京都郊外建立了兴圣寺。

兴圣寺完全按照宋朝禅院的样式传禅，提倡"只管打坐"，道元本人也严守如净"莫近国王大臣""只居深山幽谷"的师训，断绝世俗尘缘，一生精进于修行之道。一次，将军派人来传达封赏领地的敕谕，道元不仅断然拒绝，还将那传赏的弟子逐出山门，"拆其禅床，掘地七尺"，以示宗门之纯粹。[①]道元的风格与荣西形成鲜明对照，但是这种不讨巧的方式也限制了它的影响力，毕竟日本初期的禅宗整体上还是以"世俗化混融"为特征。

纯粹禅真正在日本兴起，是从兰溪道隆这类中国禅师赴日传法开始的。兰溪道隆是宋朝临济宗杨岐派禅僧，因结识了日本泉涌寺僧人月翁智镜，被邀请到日本讲禅。宽元四年（1246），兰溪道隆在弟子的陪同下来到日本，当时北条时赖刚刚执权，听说兰溪道隆不远万里前来，非常高兴，立刻安排与他会面。两人相谈甚欢，而后北条时赖受到道隆影响对禅产生了浓厚兴趣，他常常参禅打坐，引得武士纷纷效仿。同时，北条时赖还大力支持兰溪道隆在日本弘扬禅宗。

---

① 渡边照宏. 日本的佛教（日本の仏教）[M]. 岩波书店，1974.

建长五年（1253），北条时赖在镰仓修建的建长寺落成，并请兰溪道隆做该寺开山住持。"建长"是年号，以年号命名寺院属于特典，足见北条时赖对兰溪道隆的器重。之后不久，兰溪道隆又被邀请入京，任建仁寺第11代住持。

公元1279年南宋灭亡后，不满于元朝统治的禅僧纷纷东渡避难，代表有兀庵普宁、大休正念、无学祖元、一山一宁等，他们将宋地正宗的"纯粹禅"传入日本，促进了禅宗在日本的迅速发展。

不过从内容及实质而言，"纯粹禅"不过是"来源正宗"，其融合混杂的思想风格不仅未变，反而更加浓厚。因为宋元时期亦正是中国禅思想由"圆融"不断演化为"混融""混杂"乃至"混同"之融合思潮的成熟灿烂期①。兰溪道隆的纯粹禅亦是"世俗的"，它甚至还确立了为天皇朝廷及幕府政权祝寿祈福的"上堂拈香"仪式。

于是，临济宗在官方的支持下一步步强大，直至室町幕府建立后迎来全盛。临济禅师梦窗疏石甚至被历代天皇七次授予国师称号，获得足利氏族的皈依。在这期间，幕府还按照中国宋朝的官寺仪轨制定了五山官寺制度，进一步奠定了临济宗的发展基础。

京都的五山包括：历应二年（1339），由足利尊氏创立，以梦窗疏石为开山祖的天龙寺；弘和二年/永德二年

---

① 罗时光. 宋明禅与日本禅"混融"性质的形成——镰仓"兼修禅"至江户初期禅［J］. 苏州科技大学学报（社会科学版），2020，37（02）：1-9.

（1382），由足利义满创立，以梦窗疏石为开山祖的相国寺；建仁二年（1202），由源赖家创立，以荣西为开山祖的建仁寺；嘉祯二年（1236），由九条道家创立，圆尔辨圆开山的东福寺和平安时代后期由白河上皇创立的万寿寺。另外，正应四年（1291）由龟山上皇的离宫改建而来的南禅寺被列为别格，位在五山之上，是日本禅宗最高寺庙。

第七节 北山东山之作：金阁寺与银阁寺

临济宗在京都占据绝对性优势，除了"兴禅护国"思想的作用以外，另外一个重要原因是它的文化性修养。①

作为舶来品，临济宗在传入日本的一开始就带着中国文化的气韵——当年荣西学成归国，除了禅宗教义外，他还带回宋朝的茶种，并在筑前国背振山栽培。荣西认为，茶可以驱散禅宗修行时常袭来的睡魔，是有利于增进身体健康的优质饮料，他广泛向大众推行茶叶，开启了日本的饮茶文化。室町时代，临济宗在足利氏的推崇下达到顶峰，并且与文化紧密结合，孕育出这一时期独具特色的北山文化和东山文化。京都的金阁寺和银阁寺分别是它们的代表。

金阁寺，正式名称为"鹿苑寺"，位于京都市北区，应永四年（1397）由足利义满建立。寺中最著名的，是外墙贴满金箔的金阁殿。这座三层的楼阁式建筑伫立在镜湖池畔，与周

---

① ［日］林屋辰三郎. 京都［M］. 李濯凡，译. 北京：新星出版社，2019.

围的山水相映成趣，组合成池泉回游式庭园。金阁殿每层楼风格各不相同，其中一层"法水院"是平安时代贵族的寝殿造风格，二层"潮音洞"为镰仓时代的武家造风格，三层"究竟顶"则属唐朝的禅宗佛殿风格。二三层因贴满金箔闪闪发亮，顶端还有一只金凤凰傲然孑立。

金阁殿的金碧辉煌从侧面反映出足利义满的权势和野心，而它在风格上的混搭，也展示出这一时期北山文化的特征——传统公家文化、新兴武家文化，以及禅宗文化的多元融合。其中，禅宗文化因为与同时期中国联系密切，所以突出表现为宋元明的文化特色。

最典型的例子是"五山文学"。京都五山的禅僧受到宋元明禅风的影响，在日本禅林中带入了文学志向；他们又作为室町幕府的政治和外交顾问，在日明贸易往来中更加深了与汉文学的关联。于是室町时代，以五山禅僧为主体，兴起了研究、创作汉诗的风潮。

被誉为"五山双璧"之一的绝海中津，在应安元年（1368）渡海到明朝，他在明留学十年，结识了许多高僧，掌握了俗诗文的风格和骈句的技法，回国后传入日本。据史料记载，绝海中津回国前，明太祖朱元璋曾亲自召见他，听说他绝海善汉诗，便赐诗一首：

熊野峰高血食祠，松根琥珀也应肥。
昔年徐福采仙药，直到如今竟不归。

绝海中津遂以次韵唱和：

熊野峰前徐福祠，满山药草雨余肥。
只今海上波涛稳，万里好风须早归。[①]

从这首诗来看，绝海中津的作品已经可以和本地诗人的相媲美，完全没有运用外语的生涩。除了文学以外，室町时代连歌、水墨画、能乐等也迎来发展。二条良基编纂出《菟玖波集》，确立了连歌与和歌对等的地位；周文等画僧吸收宋元水墨画技法，创造了山水画的新样式；观阿弥在大和猿乐的以模仿为主体的传统之下，加入了田乐和近江猿乐等的歌舞性元素，大大促进了能乐的改革……

室町时代初期的北山文化还带有更多的贵族色彩，但在经历应仁之乱后，禅宗的影响更加深入，由幽玄、侘寂的美意识为突出特点的东山文化兴起了。

我们从银阁寺身上就能瞥见端倪，这座坐落于京都市左京区的寺院，由室町幕府第8代将军足利义政创建。虽然听名字"银阁寺"应该跟"金阁寺"一样，在外墙贴上银箔才是，但实际上银阁寺全然没有金阁寺的奢华——没有贴"银箔"，只有两层（底层的"心空殿"为书院造风格，上层的"潮音阁"为方形三间的禅宗式样佛殿）。

银阁寺比不上金阁寺的奢华，一方面是因为足利义政掌权时期，地方战乱频起，将军的势力大不如前，另一方面这种

① 刘毅. 禅宗与日本文化［J］. 日本学刊，1999（02）：81~97.

朴素的建筑的确也反映了当时的文化风气。

银阁寺的庭院深受禅宗影响，被松山大耕誉为"京都禅庭的精髓所在"。[①]本堂之前有一座由白砂堆成的山形台地，它是"枯山水"的代表，采用隐喻和象征的艺术手法布景，以砂代水，以石代山，让人去联想，去顿悟，宛如禅宗的悠远、玄妙。紧接着就是以锦镜池为中心的池泉回游式庭院，在建造初期，该庭院模仿了梦窗疏石设计的西芳寺庭园，进入园中，移步换景，从不同侧面、不同距离看，山、水和建筑都能完美融合，颇有些禅的静趣；而那银阁殿外壁以黑漆涂抹，也体现出简约朴素的侘寂风格，与禅宗所强调的持戒一致。

第八节　战乱中的迁徙：本愿寺

室町时代同样发展迅猛的还有净土真宗。但跟禅宗与政权的紧密联系不同，净土真宗主要在民间拓展自己的势力范围。它的创立者亲鸾，是净土宗法然上人的学生。亲鸾受法然影响很大，同样主张"他力本愿"，还把这种思想发挥到了极致——他一方面认为，"口称念佛"仍然是一种"自力"修行，往生与否应该由对佛力的信心决定，只要相信佛就能凭借佛力往生净土；另一方面，亲鸾否定罪恶会阻碍功德，认为人性本恶，而阿弥陀佛所发宏愿的本意就是怜悯拯救这些恶人。所以，不管是谁，只要相信阿弥陀佛就足够了，如果盲目以为凭借自力可以为善，不肯坚定依赖他力，反而断除了被拯

①　茶乌龙．知日世上只有一个京都［M］．北京：中信出版社，2018．

救的可能。①

对于那些为生活所迫而难以行善积德，或者不得不从事屠杀一类工作的下层民众来说，这样的教义无疑给他们带来了希望。净土真宗信众日增，发展为一支实力强大的宗派。

弘长二年（1263），亲鸾入灭，葬于京都鸟边野北的大谷。十年之后，亲鸾的女儿、弟子在吉水边建立"大谷庙堂"，将亲鸾陵墓迁移至此，元亨元年（1321）又把该庙堂改为寺院，取名"本愿寺"（大谷本愿寺）。后来，大谷本愿寺遭到延历寺西塔的众徒破坏，第八代法主莲如逃往近江，后又移居吉崎、河内，一路传教吸引了众多皈依者。等到势力渐渐壮大，莲如辗转回到京都，于文明十年（1478）起着手在山科区重建本愿寺（山科本愿寺）。三年后寺院落成，参拜者从各地涌来，他们纷纷在寺院周边兴建民居，形成了寺内町，范围据说达到了"东西长800米，南北场1000米"，时人云："寺内广大无边，庄严如佛国，与居士住处及京内无异。"②

莲如之所以能够有如此广泛的影响力，与他在农村的弘法实践不无关系。他发动、鼓励皈依了的农民组成宗教小团体"讲"，由当地的真宗僧人、乡绅和长老带头，传讲教义、交流心得。这样的基层组织渐渐壮大，形成教团③，并开始有意识地抗捐抗税，而一些地方武士也加入进来，企图利用这股力

① 王颂. 世界佛教通史·第九卷：日本佛教 从佛教传入至公元20世纪［M］. 北京：中国社会科学出版社，2015.

② ［日］高桥昌明. 千年古都：京都［M］. 高晓航，译. 上海：上海交通大学出版社，2016.

③ 教团：同一信仰者群聚一处所形成之团体。

量来实现自己的政治目的。这样一来，净土真宗教团实际上成了一个势力强大的武装集团，在各地发动或参与武装斗争，被称为"一向一揆"。

长享二年（1488），加贺的本愿寺门徒甚至逼迫大名富樫政亲自杀，自己成立了由净土真宗僧侣和入教武士组成的政教合一政权。此举迅速波及北陆各国，越中、能登、越前先后成立了净土真宗政权。享禄五年（1532），近畿一带也发生了一向一揆，受到威胁的日莲宗信徒和时任管领①的细川晴元联手进攻，放火烧了山科本愿寺，破坏了所有寺内町。只有十七岁的法主证如被叔父救出，避难到大阪石山的大阪御坊，并据此重振宗门，改名"大阪本愿寺（石山本愿寺）"。

这是本愿寺的第二次迁徙，彼时下克上风潮兴起，各宗派、大名之间武装争斗此起彼伏。寺院被烧毁的本愿寺派，士气依旧没有削减，信徒们继续在地方挑起战争，甚至要与大名争权夺利。此举引起了意图统一天下的织田信长的注意，他觉察到一向一揆势力对武家政权的威胁，于是在元龟元年（1570）九月，与本愿寺门徒展开了斗争（石山合战）。这场战争持续十年之久，到了合战末期，本愿寺派内部分裂为主张与信长讲和的稳健派和主张彻底抗战的强硬派，前者以显如为代表，后者以教如为代表。最后，弹尽粮绝的本愿寺派不得不向织田信长投降，同时新据点大阪本愿寺也被织田信长付之一炬。

---

① 管领：是室町幕府中仅次于将军的最高职务，辅佐将军统辖幕政。

战国时代，宗教势力与武家政权紧密结合，后者的兴衰迭代往往对前者造成不小的影响。本愿寺在织田信长手中受到挫败，但净土真宗教团的力量却没有熄灭。织田信长死后，丰臣秀吉把持政权时，净土真宗第十一代法主显如获得丰臣秀吉的支持，于天正十九年（1591）重建了现在的京都西本愿寺。

东本愿寺则是在庆长七年（1602）由德川家康支持建立。彼时显如的长子教如与三子准如因继承问题对峙，丰臣秀吉立准如为法主，教如被迫隐退在西本愿寺东北一角。丰臣秀吉死后，德川家康势力庞大，他向教如捐赠了位于西本愿寺东侧的一块土地，教如才以之为基础兴建了东本愿寺，并另立新教派，是为东本愿寺派（又称"大谷派"）；而准如一脉，则称"本愿寺派"。

今天，在京都下京区，我们依旧可以看到两座本愿寺位列一东一西，相距约一公里，分庭抗礼，昭示着战国时代政权的更迭历史。

第九节　町众的信仰：日莲法华

享禄五年（1532），山科本愿寺之战中，与本愿寺派交战的一方，是日莲宗的信徒。

日莲宗是从天台宗分出的教派，自称法华宗，为日莲所创。日莲出生于安房国①，11岁就到清澄山寺出家，后又辗转镰仓、近畿等地游学，拜访诸寺，研究了大量佛经梵字。这段

---

①　安房国：位于今千叶县境内。

经历让他深刻认识到：《妙法莲华经》是释尊教义中最高经典，唯有唱念经题才是正法。建长五年（1253），日莲返回家乡，登上清澄山面向旭日高唱"南无妙法莲华经"十遍，这被视为创宗之始。他还将自己的论著《立正安国论》交予北条时赖，宣称正嘉、正元年间的地震、疫病都是因信仰错位导致，只有禁止净土宗、回归法华信仰，国家才能免于灾祸。这样偏激的言论招来佛教守旧势力的攻击，日莲被流放至佐渡，数年后才获得赦免，在身延山①建草庵弘法。这里也成为后来日莲宗的总本山——久远寺。

日莲宗传入京都，是从日莲圆寂后，他的弟子日像开始的。永仁二年（1294），日像入京都弘法，他效仿祖师日莲，在京都皇居的东门外高唱经题，其后日像遭到延历寺等诸大寺的迫害，三度被流放却始终不屈服，终于获得了后醍醐天皇和足利将军的皈依。元享元年（1321），后醍醐天皇赐予日像寺领，建立妙显寺。此后以妙显寺为据点，日莲宗在京都广泛传播。

日莲宗的信徒，以商人阶层居多。因为主张"即身成佛"，迎合了执着于现世利益的商人需求，因而争取到大量町人支持，他们常常聚在一起开展教团活动。町人们经济实力雄厚，许多富商捐钱建寺，例如永德四年（1384）修建的妙福寺、应永二十二年（1415）修建的本应寺（本能寺），都是由富商赞助。这使得日莲宗在京都获得了迅猛发展，天文年间（1532—1555），日莲宗在京都拥有的大寺院多达二十一

---

① 身延山：位于今山梨县境内。

所，号称"法华廿一本山"，而信众据称在文明之乱后"遍布京中"。①

町人的经济支持促进了日莲宗的兴盛，而教团的发展又把町人联合起来，成为一股强势的武装力量。享禄五年（1532），净土真宗攻破奈良兴福寺、准备北上进攻京都。这个消息大大刺激了在京都的日莲宗势力，于是他们与细川晴元联手发动起义。改元后的同年（天文元年）八月二十三日，三万联军在山科本愿寺周围布阵，并从次日清晨开始围攻本愿寺派军队，在寺町周边各处放火，直到山科本愿寺沦陷。但是这场战斗并未结束，同年九月末，在山崎周边，一向一揆众和法华一揆众再次进入战斗状态，各自攻守却并无所得，次年六月，日莲宗与本愿寺派媾和。

作为提供武力帮助的回报，日莲信众在京都获得了警卫自治权，势力日益强大，甚至发展到要求统治山科和东山的农村，并在京内兴起拒缴地子钱②的运动。在此背景下，天文五年（1536），比叡山天台宗的僧人华王房与日莲宗信徒松本久吉展开宗派辩论，幕府判定松本胜，被激怒的天台宗派联合延历寺、兴福寺僧兵及近江大名六角定赖的联军攻入京都，最后日莲宗二十一本山悉数被攻陷，兵火造成的损失规模甚至超过了应仁之乱。就这样，盛极一时的京都日莲宗被剿灭，法华众徒遭流放到洛外。

---

① ［日］高桥昌明．千年古都：京都［M］．高晓航，译．上海：上海交通大学出版社，2016.

② 地子钱：指以货币缴纳的地租。

此后六年，日莲宗在京都成为禁教。直到天文十一年（1542）在六角定赖的斡旋下，朝廷才敕许日莲宗回京。天文十六年（1547），延历寺与日莲宗达成和议。

在町众的经济支持下，日莲宗二十一本山中的十五座寺庙很快又重建起来。它们后来发展为不同门流，现如今，日莲宗已成为日本一支庞大的宗教派系。京都市内较大的日莲宗寺院就有立本寺、涌泉寺、妙圆寺等。

第十节　从中国到日本：万福寺

让我们把目光放到更远的地方。万福寺，坐落于京都府宇治市，它是日本黄檗宗的大本山。与日本其他寺院不同，万福寺的建筑为典型的明朝寺院样式——寺内随处可见"卐字"的图案、拱形的天花板和圆形的窗户，伽蓝门上还有桃子形状的"桃符"装饰，就连寺内的佛像、僧人们举行的仪式也都充满浓浓的中国风韵。

这座寺庙的确与中国有不解之缘，它的名字都来自福建的一座禅寺……创建万福寺的隐元隆琦，是一位出身福建的中国僧人。29岁时，隐元隆琦踏入佛门，在福清黄檗山万福寺跟随鉴源禅师修行，随后又从高僧密云圆悟参禅。17世纪中叶，隐元两度担任万福寺住持，长达17年。按理来说，62岁的隐元本应该在万福寺静心参悟、主持佛法，结果他却做出一个冒险的决定：东渡日本传法。

彼时的日本，正笼罩在德川幕府闭关锁国的阴影之中，只有长崎一口岸开放。因而这里成了中国商人的聚集地,他们在长崎修建了"唐三寺"(兴福寺、崇福寺、福济寺),请中国僧人担任住持。隐元隆琦之前,他的法嗣也懒性圭被邀请到崇福寺做住持,可惜出船后遭遇风浪不幸溺死。随后,兴福寺的住持逸然性融邀请隐元隆琦赴日,三次书信都没有说服他。承应二年(1653),逸然性融再次传信,称"已经得到德川幕府的许可",隐元隆琦才终于同意赴日传法。

然而此事遭到隐元师父费隐禅师和万福寺僧侣们的极力反对,大家认为已有也懒性圭作前车之鉴,隐元隆琦万不可冒这种风险。但他去意已决,回复师父:"日本所请,原为也懒弗果,有负其命,故再请于某,似乎子债父还也。"隐元隆琦把赴日传法视作还"债",其实也就是佛教秉信的"因缘"。

于是,受着这种缘分的牵引,承应三年(1654)五月,隐元隆琦从福建万福寺出发了。一路上众人送行,郑成功还派船护送,两个月后,隐元隆琦平安到达日本长崎。在他登陆日本之前,他的语录集(《黄檗隐元阐释语录》)已经传入日本,日本佛教界对他的到来非常期待。据说第二天隐元隆琦在兴福寺开堂说法,竟有僧俗千人前来聆听。[1]后来仰慕他的人纷纷皈依兴福寺,兴福寺就成为长崎一大禅林。

明历二年(1656)十月,隐元隆琦在秃翁妙周、竺印祖门等陪同下来到京都,拜访妙心寺、南禅寺、东福寺等。《黄檗外记》记载了当时的景象:他行至妙心寺时,京都城内僧侣、朝野各界蜂拥而来,大家争先恐后、团团拥簇在隐元隆

---

① 郭晓虎. 黄檗宗东传日本 [D]. 东北师范大学, 2012.

琦身边，以一睹隐元风采为快。这之后德川幕府也渐渐放松了对他的戒备，万治元年（1658），隐元隆琦谒见了第四代将军德川家纲，半年后将军便下赐宇治郡的一块土地给隐元作为寺领。新寺院终于在宽文元年（1661）建成，隐元隆琦念及故土，所以山号、寺号都随旧名，也称"黄檗山万福寺"，由他担任第一任住持。此后，这里便成为日本黄檗宗的主道场。

黄檗宗与临济宗、曹洞宗合称日本三大禅宗，它既继承了临济宗无准法系的打坐禅法，又加入了净土宗的念佛思想，开创出独特的"念佛禅"。这一点从它最重要的法会"三坛戒会"上便可看出。从隐元隆琦任住持开始，他便在万福寺主持了"三坛戒会"。在这场持续八天的法事中，僧侣们要完成请戒开导、审戒忏悔、登坛受戒等一系列仪式，礼佛时也要诵念佛经。参禅的方式多样化，悟禅也就有了更多可能。

黄檗宗的传入也整顿了日本禅宗不正风气。是时德川幕府推行闭关锁国，日本佛教界故步自封，临济宗没落为贵族趣味的文字禅，曹洞宗亦萎靡不振，各种违反清规戒律的事情时常发生。隐元隆琦的黄檗宗则以修行为根本，在参禅方式上也多创新，在黄檗宗的影响下，临济宗兴起纲纪肃清，京都五山派也重建法堂，重新举行参禅活动。

黄檗宗的影响不仅表现在佛教宗派内部，还影响到日本的建筑、书法、绘画、雕刻等等。比如隐元隆琦、木庵性瑶、即非如一（合称"隐木即"），这三位黄檗宗僧侣的书法明亮而富有生气，其作品深受人们欢迎，常常被挂在茶会上，明治时期还有不少"隐木即"赝品。

普茶料理也是隐元隆琦从中国带来的。"普茶"的意思是"普普通通地与大众一起供茶"，是众生报答佛恩的料理。用斋时，四个人围坐一张桌子，座位没有上下之分，大家在平静和谐的状态下用完斋食，不剩菜不剩饭，这充分体现了黄檗禅宗的意旨。

自从黄檗宗得到了德川幕府的支持，壮大的速度比以往更甚。万福寺之后，江户的瑞圣寺、近江的正宗寺也相继建起，它们也都和万福寺一样采用了明朝寺院建筑样式。更值得一提的是，为了保持万福寺的中国特色，德川幕府采用了历代住持都延请中国僧人的特殊政策，一直到第十三代住持竺庵净印（1696—1756）为止。[1]

第十一节 地藏的信仰：壬生寺

壬生寺位于京都市中京区壬生梛宫町，是京都有名的地藏信仰中心，属于日本律宗。寺庙原本位于五条坊门壬生（现地址的东方），正历二年（991），由一位名叫快贤的僧人为他的母亲建造，并将著名佛像雕刻师定朝制作的地藏菩萨坐像安置于此，取名为小三井寺。承历年间（1077—1080），白河天皇行于此，赐号该寺为"地藏院"。建保元年（1213），寺院的信徒平宗平才将寺院迁移至现址，且依旧址

---

[1] 王颂. 世界佛教通史·第九卷：日本佛教 从佛教传入至公元20世纪 [M]. 北京：中国社会科学出版社，2015.

名称壬生地藏。

地藏信仰在京都民间拥有很大的影响力，它与净土信仰一同起源于平安时代中期。彼时，末法之世的预言让人们相信：信仰净土，就能在死后前往极乐世界；而没有前往极乐世界而堕落至地狱的人，只能依靠深处地狱的地藏菩萨救助来获得重生。

这种信仰发展到室町时代，地藏菩萨开始与固有的童子身、幼子神信仰相结合，逐渐承担起庇佑水子的神职。水子是指夭折的孩童，因为这些孩子的去世让父母悲伤，所以水子无法正常通过三途川到达冥界，只会被恶鬼折磨永无止境地堆砌石子。而地藏菩萨的作用，则是将水子的亡灵藏在他的袈裟中，听他诵经，以躲过恶鬼的纠缠。同时还为水子积累功德。这也是如今会有民众参拜地藏菩萨以祈求孩子平安健康的原因。

地藏菩萨不仅能救济未通往极乐世界的亡灵，同时也能够成为水子的守护神，这使得地藏信仰能够在当时不断传播，拥有众多信者。此外，地藏信仰的传教方式也很形象通俗。每年四月和十月，壬生寺内都会举行一场大念佛会，戴着面具的表演者，配合着锣、太鼓、笛子的伴奏，无言地翩翩起舞。这样的表演就是"壬生狂言"，相传是正安二年（1300），壬生寺的导御为除疫招福所创设。和口称念佛（正行念佛）不同，狂言（乱行念佛）采用击鼓、击钲等各种动作来表达佛教教义。在没有扩音器的时代，这种夸张的肢体动作表现方式，有利于向群众通俗易懂地讲解佛教。

　　然而进入明治时代之后，地藏信仰的发展受到严重打击。这是因为从17世纪30年代开始，德川幕府为巩固统治，禁止基督教传播，而鼓励百姓皈依佛门。在这样的引导下，尽管佛教在日本地位进一步提升，但它也更加依附于德川幕府，而与天皇的关系渐渐疏远了。

　　等倒幕运动的大旗一举起，积弊深重的佛教就成了靶心，明治政府颁布"神佛分离令"，一方面强烈鼓吹神道，强调天皇作为天照大神的后代，才是日本的最高统治者；另一方面又打压与德川幕府联系紧密的佛教，下令宫门迹切断皇室与佛教的关系。自此，在日本持续了上千年的神佛融合也结束了，佛教与神道从此泾渭分明。

　　仿若神道被压迫千年的积怨终于爆发，各地神社砸毁佛像，将寺庙供奉的对象换为大物主[①]，同时还烧毁许多佛书、经卷，并敕令僧尼还俗、征收寺院土地等。这场"废佛毁释"的运动席卷全国，不少寺院在此期间或被废弃，或被合并。连势力强大的东、西本愿寺也受到严重冲击。

　　地藏菩萨作为佛教的代表之一，它的佛像也一度遭到拆除。时任大参事的槙村正直还要求把石头地藏（地藏菩萨石像）全部毁掉。不少人于心不忍，将地藏菩萨送往寺庙内供养。京都市东部音羽山上的清水寺、壬生寺等寺庙，都还保留着那时候被迫迁移的石头地藏。

　　这场"废佛毁释"的风波过后，地藏菩萨才得以重新出现在人们的视野中。如今，京都的大街小巷都能看到地藏菩萨

---

　　①　大物主：是日本神话中登场的神，大神神社祭祀的神祇。

的石像，信众在地藏菩萨的石像前精心摆放好素食与糕饼，路过时都会虔诚祈祷。

对地藏菩萨的信仰，不仅能够满足个人的需求，还有助于增进邻里之间的和谐关系。每年八月十四日地藏盆节，各街道会举办一系列仪式活动。僧人坐在地藏菩萨石像面前诵经，而周围的小孩们会围成一个圈，在诵经声中不断传转着五米长的珠串，以辟邪去秽、祈求健康。诵经之后，孩子们一边敲锣，一边在街道行进，便可以到一大包糖果。地藏盆节让邻里们连接在一起，大人孩子欢聚一堂。

后来因为城市开发，一些街道的石头地藏不再有容身之地，地藏盆节时，街道便会前往寺院租借地藏佛像举办仪式。对地藏菩萨的朴素信仰已经成为京都的传统之一。近在咫尺，守护孩童，救助众生，漫长的岁月里，石头地藏一直与京都人相守相望。

第四章　文字构建的城市

　　我们在神社、佛寺间穿行，见证了地理空间上京都的变迁轨迹，但这座城市并非只由建筑物构成，作为千年古都，京都在很长一段时间都是日本文字创作的主阵地，这里诞生了丰富的文学作品和类型，几乎是日本文学史的缩影。当然，通过文字发现京都，不仅可以考察日本文学的探索之路，也可以考察京都人在不同时代的精神文化特质。

　　平安时代是中国与日本交流最频繁的时期，也是日本古代文学史发展的顶峰。受唐风的影响，在嵯峨天皇至文德天皇治世（约809—858）之间，汉诗达到全盛时期。待清和天皇（858—876）开始，日本和歌恢复了在奈良时代的地位，还可与汉诗匹敌，《古今和歌集》就是当时的代表作。

　　平安时代中后期，女性登上文坛，她们以平假名创作的物语、散文等在日本遍地开花。其中不得不提的是紫式部所著《源氏物语》，作为世界上最早的一部长篇写实小说，此书描写了平安王朝全盛时期京都的文化与社会背景，尤其是皇宫贵族的生活，为人们了解平安时期的京都社会推开了一扇窗。

　　镰仓、室町时代，武士阶级掌握政权。在此背景下，公家贵族文学日益衰颓，武家文化和思想成为主流，并孕育了一批越出往昔宫廷文化圈子、描写武士阶级和平民百姓的作品。军记物语是此阶段最具代表性的文学形式，其中《平家物语》作为最具权威的军记物语，对新兴的武士阶层和他们的精神风貌进行了描述，还通过英雄人物的悲剧命运对战争的残酷进行了反思。

江户时代，原已在16世纪销声匿迹的俳谐重整旗鼓，关键人物松尾芭蕉建立了真正的俳谐。他的出现让俳谐不再仅仅是庶民的幽默之辞，而拥有了宁静幽远的侘寂之美。

第一节　日本文学与中国文学的分庭抗礼

霸占日本文坛宝座的汉诗

要说平安时代初期，京都乃至日本最盛行的文化体裁是什么，答案非汉诗莫属。顾名思义，日本的汉诗是日本人遵从诗歌的格律与音韵，采用汉语创作的诗歌，绝句就是其中典型。问题是：原本诞生在中国的汉诗，是如何传入日本，又如何在平安时代初期的日本列岛上璀璨夺目的呢？

其实，早在绳文时代，日本就拉开了接受中国文化的序幕。到了奈良时代和平安时代初期，日本更是兴起了"全方位学唐"的风潮——大到国家政治体制、经济发展，小到日本民众的衣食住行，都可见中国文化的影子。

对历史有所了解的朋友皆知：唐朝是中国历史上有名的

鼎盛朝代之一，那时的社会发展几乎达到中国古代的高峰。即便是与同一时期的世界各国相比，唐朝不论是政治、经济，还是思想、文化，实力均处于领先地位，算得上是彼时的世界焦点。

与唐朝隔海相望的日本当时已经在政治上建立起了中央集权制。为了完善和巩固自己的新生政权、学习中国的先进文化与制度，日本政府派出了一批又一批遣唐使。他们千里迢迢来到中国，又漂洋渡海将大唐文化带回日本，汉文书籍就是日本本土各阶层靠近大唐的第一步。这些汉文书籍的到来，成为汉诗在日本流行的一大契机。

最先接触到汉文书籍的，是皇室贵族和朝中大臣。这些上流阶层的人物，本就以唐朝先进文化为榜样，当他们从书中发现了汉语诗歌的魅力，便纷纷将学习汉诗视为高雅的艺术追求。第38代天智天皇就是汉诗的爱好者，在位期间，他鼓励日本的汉诗创作，并把创作汉诗作为选拔官吏的主要标准之一。由天皇领头，日本贵族之间很快涌起了创作汉诗的热潮。

日本现存最早的一首汉诗是弘文天皇[①]在21岁时所写的一首五言诗——《侍宴诗》：

皇明光日月，帝德载天地。

---

① 弘文天皇：日本第39代天皇，在位时间671—672年，名大友，他的天皇身份一直不被正式承认，直到1870年明治天皇才追谥其为弘文天皇。

三才并泰昌，万国表臣仪。

不难想到，那时日本汉诗的创作群体大多为皇室贵族，内容上也以歌功颂德为主，因而带有明显的"国家文学"特点。现存最古老的日本汉诗集《怀风藻》就是代表，其中收录的120首作品，作者都是天皇、皇子和其他官吏、儒生、僧侣等。诗歌以五言八句为主，主题包括侍宴、宴游、应诏、述怀等，多借用儒道老庄典故，文风浮华，讲求对仗，深受中国六朝文学影响。

这股创作汉诗的浪潮随中日交流的频繁愈推愈高，到了平安时代，更多天皇与贵族加入了汉诗创作，尤其是嵯峨天皇至文德天皇在位期间，日本汉诗迎来了全盛期。

嵯峨天皇与天智天皇一样，也是汉诗迷弟，他才学横溢，既是诗坛泰斗，也是推行汉诗的重要领军人物之一。

江村北海评价其人与诗："天资好文，睿才神敏，宸藻最为富赡，七言近体多警联。"①

为了推广汉诗，他在宫廷内部开展了众多与汉诗有关的活动，比如定期举办诗宴。诗宴是以诗为主题的宴会，贵族们同嵯峨天皇在此宴会上互相吟诵诗歌、切磋诗艺、赏鉴诗作，君臣之间颇为默契。诗宴的举办，为平安时代不少优质汉诗的创作提供了舞台。嵯峨天皇的《秋千篇》《塞下曲》等汉诗，与小野岑守的《奉和春日暮宿江头亭子御制》等奉和

---

① 高文汉. 中日古代文学比较研究［M］. 济南：山东教育出版社，1999.

诗，都诞生于诗宴活动中。

嵯峨天皇在位期间，不仅个人创作了许多汉诗，还在弘仁六年（815）敕命编撰了《凌云集》，共收录91首汉诗。四年之后，他再次亲自参与编撰《文华秀丽集》，收录汉诗148首。紧接着，淳和天皇也于天长四年（827）亲自参与汉诗集《经国集》的编撰，该诗集原有20卷，如今只存有6卷，包括253首汉诗。这三部诗集也被称为"敕撰三集"。

汉诗在平安时代的繁盛不仅体现在统治者大量编撰汉诗集上，还体现在不少文人志士对汉诗创作方法的总结和创新上。其中，空海大师在整理中国汉诗文声韵修辞类书籍的基础上，结合自己的文论主张编撰《文镜秘府论》，该书就诗的四声、文意、格式等问题进行探讨，为当时的汉诗创作指明了重要的方法论，被认为是日本最早一部专门的、系统的诗学论著。[①]

提及日本文学，就不得不提被誉为"日本学问之神"的菅原道真，他也为平安时代乃至后来日本的汉诗发展做出了重大贡献。菅原道真才高八斗，特别擅长写汉诗文，正是凭借着这种优势，他得到宇多天皇的赏识，深受重用。平安时代中期，在醍醐天皇的支持下，菅原道真独自编撰《菅家文草》，该诗集收录了600余首汉诗，被后世誉为日本汉诗学的范本。

---

① 王希宇. 论王朝时期日本汉诗与文化主体意识［D］. 苏州大学，2017.

秋来六日未全收，白露如珠月似钩。

一感流年心最苦，不因诗酒不消愁。

这首七言诗选自《菅家文草》，由菅原道真所创作。诗中"白露""月"等意象应用自如，明显带有唐风印记，展现了他深厚的汉文创作功底。

可以说，日本平安时代初期至中期的文坛，受唐风的影响，汉诗在统治者与上层贵族及知识分子的推崇下，独占鳌头。即便是日本传统的和歌，面对汉诗的光芒，也不得不退到主舞台之后。

但日本传统的和歌也有自己的傲气，它正在渐渐蓄力，寻找重新跃居文坛顶峰的机会。

和歌，与汉诗的分庭抗礼

平安时代初期与中期的日本文坛，统治者们竭力推崇并模仿唐风华韵。一方面促进了汉诗在日本的兴盛，另一方面，唐风文化大道行驶，日本传统的和文化被逼向暗黑的角落。不少民族自我意识强烈的志士内心已经萌发不安的念头：日本没有自己的路可以走吗？

他们的担心不无道理。大唐表面一片祥和安宁，背后却是风起云涌。在政治上，唐玄宗秉承享乐主义，不问国事，导致他人操控朝政，日益腐败。杨国忠与安禄山之间争权夺利，最终在天宝十四年（755）爆发了历史上有名的安史之乱。在之后长达八年的时间里，唐朝的综合国力遭到严重削弱。加之土地兼并的现象也愈发严重，大量土地荒芜，人口急剧较少，民不聊生。被日本统治阶级崇敬的盛唐，正在失去光彩。

同时，政治制度相似的日本也面临转变——天皇逐渐丧失实权，摄关政治愈演愈烈，加之庄园经济的发展，日本仿造唐朝所建立的律令制正在瓦解。日本的上层贵族与知识分子开始反思：盲目学习中国并不可取。于是宽平六年（894），宇多天皇在菅原道真的提议下，决定停止向唐朝遣派使节，中断日本与中国的官方交流。但是废除遣唐使不过是第一步，根本在于发展日本本土文化，实际上就是构建并认同日本的民族文化。

菅原道真是最先推动日本文化民族化的人物之一。在《菅家遗诫》中，他首度提出了"和魂汉才"的观点，强调日本诗歌必须摆脱迄今为止对汉诗的一味模仿，而要在吸收中国诗学的同时坚守日本民族精神，保持日本文化的独立性。他的汉诗文集《菅家文草》中不少诗作就带有日式审美的特点：一方面多采用自由的、长短句夹杂的杂言体，而不拘泥于唐诗严格的格律；另一方面倡导使用朴素的日常词汇抒发内心真实情感，而非仅仅是古典辞藻的堆砌。菅原道真之后，日本汉诗加强了本土化，在语言文字、题材内容上都有创新。

值此天赐良机，日本传统的和歌也重新获得重视。和歌是日本传统的诗歌，与汉诗相对而言，包括长歌、短歌、片歌、连歌等。日本早期的和歌只是口耳相传的歌谣，并没有同汉诗一般讲究格律，但在平安时代前中期汉诗大势下，人们以汉诗为蓝本，将没有范式的和歌固定下来，才有了和歌的统一形式。

又因汉字已在日本上层盛行，贵族们可以借用汉字的音、训记录上古时代的和歌①，后来又在以汉字标音的基础上，创造出了体系化的假名文字，并应用于和歌创作。和歌走向成熟，以异于汉诗的话语方式书写，成为日本民族文化符号性的独立存在。

宽平五年（893），菅原道真所著和歌集《新撰万叶集》，创造性地将和歌与汉诗并列编排，这也是日本文坛史上首次将二者并列，例如：

和歌：秋風 に鳴く雁が聲ぞ ひびくなる 誰が玉づさを懸けて来つらむ

汉诗：听得归鸿云里声，千般珍重远方情。
　　　系书入手开缄处，锦字一行泪数行。

在《新撰万叶集》中，每一首和歌之后均有日本人所作的七言汉诗。菅原道真做此编排，并非是为了比较和歌与汉诗的艺术水平高低，而是要展示和歌与汉诗之间存在的联系与相通性。这种"和汉并立"的版式语言，让人们意识到和歌这种日本民族特有的文学样式也可以与汉诗相媲美，从而有效提升

---

① 这两种方式分别称为"音读"和"训读"，音读指按照古唐音或古吴音来读汉诗，是一种中国读法；训读指在汉文上注"训点"，按照日文的语法读汉文。

了和歌的文学地位。

和歌地位进一步提升，在平安时代中后期尤为明显。当时天皇们已不再敕命编撰汉诗集，而是编撰一系列和歌集。

延喜五年（905），醍醐天皇为收集自奈良时代末期《万叶集》成书之后，到平安时代初期之间的和歌作品，敕命宫廷诗人纪贯之、纪友则、凡河内躬恒、壬生忠岑四人成立机构，组织人力编撰一部大型和歌集。编撰组历时9年终于编成《古今和歌集》，全书分为20卷，共收录1000余首和歌，其中包含了大量的恋歌。这是日本历史上第一部由天皇敕命编撰的和歌集，它的推出是日本文学史上的重要转机，意味着日本统治阶级已经公开承认：和歌足以与汉诗分庭抗礼。

醍醐天皇开启了官方编撰和歌集的先河。在《古今和歌集》之后，天历五年（951），村上天皇敕命编撰《后撰和歌集》，这是日本历史上第二部敕撰和歌集，其收录和歌的规模也仿照了《古今和歌集》，共1400余首；再后来，花山天皇为收集未收入《万叶集》《古今和歌集》以及《后撰和歌集》的和歌，敕命藤原公任编撰《拾遗和歌集》，该和歌集共收录和歌1300余首，分为春、夏、秋、冬、贺、别、物名、杂（两卷）、神乐歌、恋（五卷）、杂春、杂秋、杂贺、杂恋、哀伤等共计二十卷。于在公元1005年至公元1006年完成。

每隔一段时间，日本天皇就会敕命编撰和歌，足见和歌这一传统日本文学样式已经走完从落寞到繁盛的艰难旅程。截至建保四年（1216）《新古今和歌集》完成，平安时代的各代天皇共敕命编撰了八部和歌集，合成"八代集"。

和歌作为日本民族文化的一部分，它从被汉诗大潮淹没到重新崛起，不仅体现了它有能力与汉诗一较高下，也从侧面反映了日本人民对本国文学的信任，与对自身民族文化的认同。

第二节 《源氏物语》的连锁反应

推开现实主义物语的大门

但凡提到日本的"物语"，大多数人脑海中想到的必定是紫式部的《源氏物语》。的确，作为世界上最早的一部长篇写实小说，《源氏物语》对日本乃至世界文坛的重要性不言而喻。它的诞生也是日本物语在文坛之争中的第一场大捷——在《源氏物语》问世前，日本物语与之前不受主推的和歌一样，并不受人们的待见。

"物语"的意思是"叙谈""讲述"，它的雏形是古代氏族社会人们对祖先和天神的歌颂，后随着民间口头说唱艺术发展起来。直到桓武天皇迁都平安京后，城市生活的普及、唐风的影响、假名的出现……物语才正式从神话故事和民间传说中脱离出来，成为一种独立的文学体裁，并在10世纪中叶得到快速发展。

在诞生之初，物语文学只有两大类：第一类是虚构物语，它是民间传说经过有意识的提炼、加工，具有传奇色彩的故事；第二类是和歌物语，它将和歌与散文融为一体，互为补充，使之成为整个作品的有机组成部分。

　　《竹取物语》是日本第一部物语文学作品，大约成书于
10世纪初期的平安时代。故事中，一位以伐竹为生的老人在竹
筒中拾到一个只有三寸长的、闪闪发光的小女孩，便将她带回
家抚养。自此之后，老人每次出去伐竹，都会在竹筒中发现许
多黄金。三个月后，女孩已长成一名亭亭玉立的美少女，她的
美貌让屋子的每一个角落都光彩焕然，即便是夜晚，也不会有
黯淡之时。因此，一位叫斋部秋田的人给女孩取名为"辉映
姬"。辉映姬的绝世容颜迷倒了万千男性，其中五名贵族子弟
向她求婚都以失败告终。即便天皇想凭借天壤之别的地位娶
她，也未获得她的同意。最后，辉映姬在凡夫俗子面前身披羽
衣奔向天空。

　　根据内容可见，《竹取物语》是典型的第一类物语，
素材偏向于民间传说与神话故事，充满了浪漫与传奇色彩。
而约同一时期诞生的另外一部讲述男女情感故事的《伊势物
语》，则属于和歌类型的物语。此书收录了125个短篇故事，
并附有206首和歌。整部作品以和歌为核心，没有完整统一的情
节，主要通过主人公在原业平的行踪，把松散的故事串联起来。

　　早期物语除《竹取物语》与《伊势物语》以外，还有很
多其他物语作品，例如大约成书于10世纪末期的《落洼物语》
《宇津保物语》等作品。《宇津保物语》的前半部分主要讲述
藤原仲中与古琴的故事，同样充满传奇色彩，但后半部分描述
权力纷争时又有了现实主义的倾向性。《落洼物语》的主题较
为明确，虽有现实主义的描写，但仍旧充满传奇色彩。

　　由此可以看出，尽管早期物语作品层出不穷，但是它们

大多具有一种共性，即内容过于奇幻，很多描述均是人们的臆想，与现实脱节。而当时社会崇尚佛教、唐风盛行，主流的汉诗文学以写实为主，物语并不受重视。

就平安时代的统治阶级而言，深受佛教影响的他们，认为物语文学中的虚构情节、传奇色彩是佛教"五戒"（杀生、偷盗、邪淫、妄语、饮酒）之一的妄语，应当规避。并且，受唐风影响，白居易在平安时代的京都乃至日本拥有强大的"粉丝"基础，不少文人乃至贵族都是"白粉"。晚年时，白居易将所写诗文都捐给了寺院，并对自己年轻时期诗歌中的狂妄华丽之词感到悔过："愿以今生世俗文字之业，狂言绮语之过，转为将来世世赞乘佛之因，转法轮之缘也。"[①]很多受正统文化影响的文人，纷纷受"偶像"的影响，对过于充满传统色彩的物语文学嗤之以鼻。藤原道纲母在其书《蜻蛉日记》中也谈到她对早期物语的认识："流行于天下的物语大多都是无稽之谈。"

11世纪以前，物语文学尚且没有完全突破虚构、传奇的枷锁。这一情况直到宽弘年间（1004—1012）《源氏物语》的面世才得以改变。由绝代才女紫式部创作的长篇巨著《源氏物语》，是日本物语文学史上的里程碑，它的诞生标志着日本物语文学进入发展的黄金时期。

《源氏物语》分为三大部、50余篇，共计百万字。故事从主人公源氏出生，写到他的妻子三公主与柏木私生之子薰君28岁为止，持续时间长达75年，前后历经三代、四朝，所涉猎

---

① 白居易. 白氏文集［M］. 北京：国家图书馆出版社，2017.

人物数量多达400人。其中以京都宫廷的上层贵族为主，同时也涵盖下层贵族，宫女、平民百姓等。主人公源氏的情感发展是《源氏物语》的主线，但也反映出平安时代贵族阶层的人生观、价值观、恋爱观，以及人生百态、梦想与现实、生命转瞬即逝等主题，引起读者内心强烈的共鸣。

《源氏物语》同其他物语作品相比，最独特的一点在于它很大程度上挣脱了虚构、传奇的枷锁，转而走向现实主义，创造了一个人们感同身受的充满现实感的世界。正是因书中的真实描写，才让人们产生了强烈的代入感，愿意去读去看，更愿意与他人分享，传播此书。

紫式部在《源氏物语》中，也阐明了她对虚构物语的理解："原来故事小说，虽然并非如实记载某一人的事迹，但不论善恶，都是世间真人真事。观之不足，听之不足，但觉得此种情节不能笼闭在一人心中，必须转告后世之人，于是执笔写作。"这种如实记录事实以引起人们情感共鸣的美学方式，又被后人归纳为"物哀"。

尽管《源氏物语》初问世时也遭遇过一阵不小的非议，许多人认为紫式部参与物语创作，是自甘堕落的表现。但这些都丝毫不妨碍《源氏物语》在日本文学史上的意义——它的诞生，推开了物语走向现实主义的大门，开辟了物语文学的新方向，使物语文学逐渐走向正轨。

让女流文学占据一线

《源氏物语》在推动日本物语文学走向现实主义道路之

时，也让属于日本平安时代女性的文学形式——女流文学，正式走到日本文坛一线。在普遍男尊女卑的社会背景下，以宫廷女官为主体的女性拿起笔杆，创造了日本文学史上的一大盛景。

就物语体裁而言，紫式部所著的《源氏物语》就是最好的例子，它不仅是日本物语文学的集大成者，也是日本女流文学的最高成就。

就随笔体裁而言，《枕草子》是日本第一部随笔文学，作者清少纳言更是日本随笔文学的开拓者。这位女性同紫式部一样，皆为平安时代中期的女官。前者主要侍奉一条天皇的皇后藤原定子，而后者则侍奉一条天皇的中宫藤原彰子，两人或许有过不少交集。文学创作常源自日常生活的所见所闻，所以《枕草子》也同《源氏物语》一样，以宫廷中的贵族生活为主题。

与物语体裁不同的是，清少纳言的随笔文集《枕草子》分为类聚、日记、随想三大内容，"类聚"就是运用列举的方式来描写事物的一种文体，例如"扫兴的事""怀恋过去的事""高雅的东西"等等，体现出作者细腻的观察和丰富的情感；"日记"记录了作者清少纳言在宫中的日常片段，从中可以窥见平安时代皇室贵族的生活状态和品味素养；"随想"则更近似于随笔，是对自然与人文风情的感怀，比如"四时的情趣""雨后的秋色"等。整部作品以形散而神聚的语言，表现出作者对人生的随意感，以及自由畅快的态度。

正如清少纳言在书的最后谈道，《枕草子》本只是在家悠闲独处时，她将眼里看到的、心里想到的事情记录下来，并未打算让他人阅读。真实性、随意性是《枕草子》的特色，可以说是它开创了日本随笔文学的先河。①

在优秀文学作品层见叠出的平安时代，在男尊女卑普遍存在的平安时代，《源氏物语》与《枕草子》这两部女性作品却脱颖而出，摘得平安时代"文学双璧"的荣誉，这不得不令人称奇。

除此之外，日记体裁也渐成女性写作的优势。平安时代有紫式部的《紫式部日记》、和泉部的《和泉部日记》、菅原孝标女的《更级日记》以及前文所提到的藤原道纲母的《蜻蜓日记》等优秀作品，它们主要以叙述为主，同时深刻融入了作者的思想情感与见解。例如藤原道纲母就将自己不满的婚姻生活以及对丈夫的愤懑情绪记录在《蜻蜓日记》中，感叹了世事无常的命运。

女性也参与了和歌的创作。作为平安时代初期"六歌仙"②之一的小野小町，她的作品以吟咏爱情居多，有66首被收录在《古今和歌集》中。

跟同一时代兴起的汉诗、和歌一样，女流文学也深受唐风影响。以白居易的诗歌为例，据日本丸山清子《源氏物语与白氏文集》统计，《源氏物语》中引用中国文学典籍185处，涉

---

① 陈东生. 清少纳言与《枕草子》［J］. 日语学习与研究，1992（03）：54-56.

② 六歌仙：指日本平安时代前期的六位杰出的和歌诗人，包括在原业平、小野小町、大半黑主、喜撰法师、文屋康秀和僧正遍照。

及著作20余种，其中涉及白居易的诗47篇，引用106处。《枕草子》也创新性引用了白居易的诗歌，就连书名亦来源自白居易《秘省后厅》：

槐花雨润新秋地，桐叶风翻欲夜天。
尽日后厅无一事，白头老监枕书眠。

由此观之，平安时代女流文学不仅文学体裁丰富，作品质量也足够有保证。这种独特的现象在世界文学史上也是罕见的。这让我们不由得好奇：女流文学是在怎样的条件下，冲破层层桎梏走到台前？

其一，从日本内部经济与政治来看，随着庄园经济的发展，贵族阶层的经济基础更加稳固，其中藤原氏势力最强，他们依靠实权，从而形成了日本的摄关政治。在摄关政治的制度之下，上层贵族将自己的女儿送入宫中做天皇的妃妾，同时雇佣一批来自中下层贵族的才女来侍奉他们的女儿。这些人受过一定程度的教育，也有机会得以了解皇室和上层贵族的生活，才能创作出《源氏物语》《枕草子》等优秀的文学作品。

其二，当时注音文字假名在宫廷女性间流传开来，与男性使用汉字形成对立。相较于复杂的汉字，假名的出现为女性创作提供了便利，上述《蜻蛉日记》《源氏物语》《枕草子》等，均是用平假名写成，甚至还有假借女性身份以平假文写下的《土佐日记》。

另外，日本传统的婚姻制度，也是促成众多女流文学作品诞生的一大原因。在母系氏族社会，日本流行的婚姻制度为访婚制，即男方在夜里进入女方的房间休息，第二天一大早返回自己家中。在访婚制下，男方为了可以辗转于多个女人之间，并没有固定的伴侣。这样的婚姻制度发展到后来，在贵族阶级身上的体现就是一夫多妻制度，男女双方在婚姻中的地位完全不对等。

当时，男方为寻欢作乐可公然出入妓院，这被认为是平常之事，且妻子还要为男方梳妆整理，支付男方在妓院所有花销。

在《蜻蛉日记》中，藤原道纲母就是受这种制度迫害的女性之一，她的丈夫频繁与情人来往，冷落她。无处宣泄心中的苦闷，她便借助笔尖，来抒发自己真实且困苦的情绪。

平安时代的女流文学真实地还原了当时京都乃至日本社会女性的生活画面。这些文字一方面抒发了她们内心的压抑，一方面却又不能完全冲破传统男尊女卑的束缚。我们从《源氏物语》《枕草子》中的人物身上，就可以窥见妇道在她们身上的印痕。但是从文学成就来看，这些平安时代的女作家开创了随笔文学，丰富了日记文学，更将物语文学推向了一个高峰，为日本文坛留下了丰厚宝藏。

第三节　登上舞台的武家文学

平安时代末期，京都乃至日本的社会矛盾不断加剧，以贵族为中心的统治阶级不断衰败，武士阶级接管了这个国家的掌控权。

藤原家族是当时势力最大的贵族。在经济上，他们利用特权不断扩大自己的庄园，垄断了日本的经济发展；在政治上，藤原家族利用外戚身份实行摄关政治，并全力排斥异党，几乎掌握了朝廷的全部实权。在此背景下，百姓的土地被各级庄园主盘剥，贵族内部的矛盾也不断加深。为了保护自身利益，地方和中央都出现了有组织的武装力量，它们作为权力争执中的重要"武器"，获得了越来越多的信赖。武士阶级在此时抬头，权力的旗帜逐步从贵族手中转移到武士手中。元历二年（1185），武将源赖朝成立了日本第一个以武家政权为基础的封建幕府体制——镰仓幕府。

政治局面的转变，必将影响日本文坛的风向。虽然镰仓幕府初立时，日本尚处于公家与武家并存境地，当时的文学也大多受平安时代贵族文学的影响，较为保守。但是随着武士阶级的愈发壮大，日本文人有了新时代的创作灵感与主题，文坛上涌现出了很多以武士阶级为主角的文学作品，并逐渐成为镰仓时代的创作主流，同时也成就了武家文学的诞生。

在众多武家文学之中，军记物语的发展最为瞩目。它是一种主要描写两军交战的叙事性文学，出现于宽喜二年（1230）左右。这段时间社会虽然相对稳定，但因源赖朝已经建立了武家政权，所以争夺权力而展开的斗争从无间断。直到承久三年（1221）承久之乱之后，日本社会才迎来相对安定的20余年，人们才有机会反思过去的战争，并对武士阶级的深层意义以及社会价值进行更深入的思考，进而开始了军记物语的创作。

日本文坛四部重量级的军记物语都诞生于此时，分别是《保元物语》《平治物语》《平家物语》与《承久记》，它们有"四部之大会战书"之称。《保元物语》描写了以源义朝为中心的保元之乱；《平治物语》记叙了平治元年（1159）的平治之乱；《平家物语》着墨于日本源氏与平氏在治承四五年（1180—1185）里发生的一系列争夺权力的战争；《承久记》讲述的是承久三年（1221）发生的承久之乱。

它们的共同点是：均采用"和汉混文"（汉字和假名混用）的形式进行创作。同时，因为取材自战争实践，所以军记物语着重刻画武士"征战杀伐、金戈铁马"的豪迈形象，而出于对战争的反思又往往把他们塑造为"悲剧英雄"。这些都与平安时代贵族文学的书生气息形成了强烈反差。

在众多军记物语文学中，要属《平家物语》最具代表，它被誉为"描绘时代本质的伟大民族画卷"。最初，《平家物语》只是琵琶法师用弹唱的形式口头传承，关于作者的猜测，《徒然草》记载是前信浓国国司行长，但后来日本学者认为此书绝非一人所作，而是在口头故事的基础上经过多次传抄和删减，才发展成后来的13卷192节的巨篇。

在这13卷中，《平家物语》几乎完整再现了平氏自平忠盛担任公卿开始，到源平合战被源氏击败，由盛至衰、终于灭亡的整个过程。具体而言，前六卷主讲平氏官运亨通，逐渐掌握朝廷的实权，但掌权后的平氏独断专横，作风向着平安时代旧贵族靠近，渐渐失去民心；自第七卷开始描写源氏作为平氏的对手，一直保持武士精神，渴望恢复以往的地位，于是找寻机会向已贵族化的平氏开战。多年征伐中平氏节节败退，致使六代全部败于源氏，平氏灭亡。

一方面，《平家物语》以历史事实为依据，在叙述顺序上也基本以时间为线索；但另一方面它又不局限于历史，而是融入了大量的传说故事虚构因素，并用当时盛行的"人生无常、繁华如梦"的佛教观念为基调，适当挖掘英雄人物的内心情感。

虽然作品主要围绕平氏进行叙述，但透过平氏，它反映的是这一时期武士阶层的整体面貌，讴歌了武士拼搏奋进、勇往直前的精神。比如书中写道，有年迈的武士为了不在战场上享受特殊待遇，便将自己已经花白的头发染黑，与敌人奋力拼杀，最终献身疆场。这种不轻易言败的武士精神，在《平家物语》中倍加歌颂。又比如书中对平氏的描写，虽然平氏最终英雄气短，变成了衰败的贵族，但他们身上还存有的武士精神也得到放大。当平忠盛之子平清盛听闻其他贵族想联手加害平家之时，平清盛果断杀死或流放敌人，可谓豪胆痛快。平氏烧毁寺庙、软禁天皇等行为也是为维护既得利益所做的挣扎，充满了新兴武士的斗志精神。是《平家物语》令这些历史人物有血有肉地再现人间，但也是这一系列的英雄人物成就了《平家物语》的不朽传奇。

对英雄的讴歌并不意味着鼓吹战争。如前文所言，军记物语多是人们在相对和平时所著，意在对过去的战乱进行总结与反思。

　　在《平家物语》中，我们可以发现，不论是源氏还是平氏，他们都在战争中失去了亲信与家人。源为义与源义朝本是父子，却因为权力之争，反目成仇。当源为义被源义朝一方抓捕时，朝廷发布命令，让源义朝取得父亲的首级。压力之下，身为父亲的源为义竟选择在儿子面前自杀。类似的残酷情节还有源义朝迫不得已取下自己仅16岁的儿子的首级等。这些情节在今天身处和平社会的我们看来的确难以置信，但在战争中，这些又是实实在在发生过的事情。

　　战争不仅割裂了人类之间的感情，还给众多家庭带来了伤痛，因此绝不可能受到赞美，这种警示或许也是《平家物语》所传达出的更深层次的主题。

第四节　　“残缺”之美的俳谐

　　自庆长八年（1603）德川家康在日本江户设立德川幕府之后，日本正式进入近世时代，也迎来了一段持续稳定的和平时期。德川幕府建立了森严的等级制度，将人划分为士、农、工、商四个阶层。其中，工人、商人又可称为町人，即城市居民之意，他们在社会地位中处于最低的一级，又因彼时商品经济的繁盛，而掌握了大量物质财富。拥有经济实力的町人阶级开始寻求消遣之物，拓展自己的喜好，并逐渐形成了不同于公家、武家文化的町人文化。其中，俳谐受到町人阶级的追捧，成为当时最流行的文学形式之一。

俳谐是日本的古典短诗。传统俳谐主要由五、七、五三行十七音组成（以日文为标准），换成汉字只有六七个字，因而可以说是世界上最简短的诗。十七音、切字以及季语是俳谐不可或缺的三个部分。十七音是俳谐发音的固有格式；切字顾及发句形态的完整与和谐；季语则用以表现俳谐的季节，它既可以是春、夏、秋、冬等明显的字眼，也可以是能够体现季节的词汇，甚至是日常生活，以表示作品的时间与色彩，体现俳谐的美学性。

最初的俳谐由日本的连歌发展而来，在连歌的全盛时期，俳谐渐渐独立为一种文学形式。若要进一步了解其发展过程，还得从室町时代末期著名连歌师宗祇说起。宗祇著有"俳谐百韵"，尽管这一成果被称为俳谐的早期作品，但实际上它与连歌并无太大区别。经过这一次尝试后，宗祇的众多弟子也开始尝试俳谐创作。

16世纪中叶，宗祇的弟子荒木田守武带着"独吟千句"出现，轰动一时。他将俳谐从连歌中分离，确立了俳谐的格律及固有形式，即上文所说的十七音、切字和季语，为俳谐成为真正独立的文体，并与连歌获得同等文学艺术价值奠定了基础。不久，居住在京都的山崎宗鉴推出了《犬筑波集》，书籍中语句开放且原始，充满"俗"的色彩，与中世文学的"雅"大相径庭。虽然它并不能代表真正庶民文化的兴起，却也为俳谐的未来埋下伏笔。

庶民真正活跃地参与俳谐的创作，是17世纪被誉为俳谐中兴之祖的京都人松勇贞德用连歌的形式制定了俳谐的格律，将俳谐与连歌、和歌提升到一样的地位时。松勇贞德提倡并重视俳谐的娱乐性与教养性，倾向于古典之风，例如：

白银何相似
庭砂夜月中

庆长五年（1600），松勇贞德在京都创办私塾，广泛网罗人才并开展与和歌、俳谐有关的活动，还创立了贞门派。三十三年后，贞门派弟子松江重赖出版《犬子集》，该书远传日本各地，也令贞门派的势力从京都向全国范围辐射，在俳坛的地位得到肯定。在接下来的半个世纪，贞门派作为日本俳坛的主心骨，将俳谐推广至大众群中。

当然，贞门派的俳谐能够迅速普及离不开丰臣秀吉从高丽带回日本的活字印刷术，出版行业的快速兴起促进了俳谐书物的广泛传播。这一时期，出版最多的文类也要属俳谐了。

然而，因为强调俳谐的形式规则，贞门派渐渐为町人阶级厌烦，他们期望突破俳谐创作的条条框框，以更简便灵活的方式表达自己的内心意愿。

就在此时，本属于贞门派的高足松江重赖[①]，破门与连歌师西山宗因一起开辟了俳谐的谈林派。相比贞门派的风格，谈林派主张废除一切规则，无视五、七、五的形式，在题材上选择贴近生活的民间谣曲，语言也更为通俗自由、诙谐幽默。谈

---

① 松江重赖：日本江户前期俳人，别号维舟，京都人。

林派风格在町人阶级中收到了不错的反响，同时，京都的管野谷高和著名的浮世草子①作者井源西鹤也鼓吹谈林之风，这让贞门派在俳坛的统领位置受到了威胁。

尽管声势浩大，谈林派却并未走得长远。处于大势期的谈林派内部逐渐出现裂痕，权力争斗愈演愈烈，加之它后期大多作品流于卑俗，形式过于自由而显杂乱，渐渐走向衰落。估摸其兴起与衰落，前后也不过短短十年。

经过了贞门派与谈林派的演变，俳谐在町人之中已经普及。谈林派衰败以后，被日本人称为"俳圣"的松尾芭蕉以一己之力改变了俳谐的困境，提高了俳谐的艺术性，让俳谐赢得了质的蜕变。这一时期刚好是元禄时期，不仅是俳谐发展的黄金时期，更是町人文学的鼎盛时期，映射了京都这类大城市市民丰富的生活。

松尾芭蕉出生于宽永二十一年（1644）靠近京都的伊贺上野，18岁时成为伊贺藤堂藩藩主之子藤堂良忠领主的侍童，在侍奉藤堂良忠期间他学会了俳谐的句式。松尾芭蕉20岁时，藤堂良忠去世，他也选择离开领主家，放弃了成为武士的选择，迁居京都拜师于贞门派著名诗人北村季吟。这一年，松尾芭蕉在京都出版了他第一部俳谐诗集，自此声名鹊起。延宝三年（1675），松尾芭蕉又转入西山宗因门下，成为谈林派的新锐，使越来越多的人得知他。之后，他又获得"宗匠立机"资格，即以俳谐为职的专业诗人，可以招收学生并以此获得

---

① 浮世草子：是诞生于江户时代的一种以庶民生活为主题的大众小说，又称"浮世本"。

报酬。他培养了众多著名的俳人，如岚雪、野坡、其角、去考等。

以上不过是松尾芭蕉的小小闪光点，他最值得称道的其实是他将贞门派与谈林派初期诙谐大众化的、带有游戏性质的俳谐，提高到纯文学艺术的高度，使俳谐诗体更为成熟。他创作的俳谐朗朗上口且寓意深重，简单的词句背后蕴含着深厚的哲理，整体让人感觉寂静、闲适。准确来说，他在《野曝纪行》中确立了俳风，又在之后日渐成熟。其中，对后世影响最深刻的一首：

古池や　蛙とびこむ　水の音

翻译："古池蛙跃溅水声"，或"古池 一蛙如水 水的声"，或"闲寂古池旁，青蛙跃入水中央，水声扑通一声响"

这看似简单的文字，却写明了俳谐的格律，细细品味，则可体会它幽微深远的意蕴。眼见青蛙入水，耳闻水花荡漾，宁静的古池在刹那间被打破，夏天的实感跃然纸上。这样转瞬即逝的景象，带给读者顿悟，又暗示着绵绵不断的情思，既体现了朦胧之美，也体现出了残缺、孤寂之美，突出日本禅宗的"侘"与"静"，或许这就是俳谐的别样魅力。

根据元禄四年（1691）出版的京都俳界名录《俳谐京羽二重》，元禄年间在京都有高级俳谐师68名，中层俳谐师356名，刚入门的俳谐师295名，还有俳谐隐者14名，共计733

名。京都一地的俳谐师数量便足以证明这一时期俳谐的流行程度。

元禄七年（1694），松尾芭蕉因腹疾死于异乡，临终前他吟咏出最后的俳谐："旅途罹病，荒原驰骋梦魂萦。"在他逝世后，他的弟子门人如宝井其角、服部岚雪等又创作了大量俳谐作品，并形成了不同的风格。

俳谐作为江户时代町人文化的一种载体，它区别于古典贵族的连歌、和歌等，是以庶民为创作主体的文学形式。经过松永贞德的贞门派、西山宗因的谈林派、松尾芭蕉的芭蕉风的一步步发展，俳谐不仅具有"俗"的大众基调，同时具有"雅"的艺术价值，成为广泛流行的"庶民生活诗"。到了明治时代，正冈子规将俳谐的发句从俳谐中独立出，单独成体，称为"俳句"，而传统的俳谐则被称为"连句"。简短的俳句逐渐替代连句成为主流，之后俳句流传到其他国家，英国、美国、法国先后出现了"英俳""美俳""法俳"。新文化运动后，俳句也传入中国，俘获了冰心、周作人等著名作家的心。

第五章　艺术京都

　　京都除了是座文字构建的城市，还充斥着浓厚的艺术色调，蕴藏着许多日本传统艺术之"魂"，是名副其实的艺术之都。提到京都的艺术发展，人们会想到穿梭在置屋与茶肆之间的艺伎、日本传统文化瑰宝的歌舞伎、令人慨叹的佛像……当然，障壁画、西阵织等也声名在外。

　　艺伎文化发源于京都，最早可以追溯至17世纪京都八坂神社所在的东山，发展至今，艺伎文化已成为日本具有代表性的古典待客之道。作家渡边淳一在《我的京都》一书中对艺伎进行了大量的描写，可见在他心中，艺伎在京都文化坐标中的高度。相比于艺伎，日本的歌舞伎有更高的艺术价值，这种起源于17世纪60年代京都街头的"奇怪"舞蹈，历经四百多年的嬗变成了享誉世界的文化瑰宝。

　　不论是歌舞伎还是西阵织、佛像，京都的艺术能够绵延千年，历经战乱依旧保持着传承，一方面在于其顽强生命力，一方面则归功于其革新精神——京都的艺术在时代变迁中始终本着推陈出新的宗旨，这是京都艺术的活力源泉。

第一节　行走在花街的日本古典文化

说起京都的风情，怎么也绕不过那白面红唇、手执绸伞、身着和服、脚踩木屐的艺伎。诚然，今天我们去京都的祇园花街走一走，兴许还会遇见不少同样打扮的女性，只是她们中的大多数，不过是体验艺伎文化的游人。真正的艺伎，只有走过宁静幽暗的长巷，走进常关的纯黑木门，在那尽头的高级料亭，才能窥见她们浓妆下的神秘面容。

京都是艺伎文化的发源地。17世纪左右，八坂神社香火旺盛，参拜者络绎不绝。为了接待这些信众，神社周边自然而然地聚集起了很多商铺。其中一些经营茶水的"水屋店"，为了招揽生意，会有茶汲女①唱歌、跳舞。这样的做法被越来越多的茶屋模仿，久而久之，茶汲女就成了专门在宴席上表演助兴的人，是为艺伎的雏形。而这些茶屋也在这一过程中扩充规模，不仅仅贩卖茶水，还经营高级料理、酒等。

另外还有一种"游女歌舞伎"，她们往往是以演艺之名行卖身之实。德川幕府时代，政府为了增加税收，加强了对娼妓的打击——先是设令禁止这类流浪艺人前往武士、商人家中侍宴，后又严禁其在船上表演。然而，这些法令非但没有起到良好的效果，反而在无形中促成了游女活动范围的固化。高级茶屋、料亭成了她们的常驻地，而以这些地方为中心的娱乐区也慢慢形成了。

---

①　茶汲女：指茶水店工作的女服务生，也称"茶点女"。

最开始，两类艺伎没有太大区别，卖艺和卖身大多是合二为一。到了18世纪后期，一些艺伎为了将自己与妓女区别开来，相互约定："卖艺的不准卖身。"由此，艺伎和娼妓正式分离，成为一种以艺能表演为主要内容的职业。[①]

这里就不得不提一下"艺伎"这个词。"艺伎"其实是中国的称呼，在日语里，这一词写作"芸妓"（げいぎ）。日语的"妓"保留了古汉语中"女性艺术表演者"的含义，但在现代中国，人们提到"妓"就总是联想到"娼妓""妓女"这些性工作者。于是，为了避免误解，翻译们选用了表示"技巧""才能"的"伎"字。

这样的误解也的确让艺伎们心烦。所以，为了将自己和妓女更明显地区分，不用说是称呼了，艺伎们连对自己的着装都有严格要求：独当一面的年长艺伎，要将头发梳成"岛田髷"[②]，穿长袖的和服，脸用水白粉涂成雪白，近畿系的艺伎还要将牙齿染黑；半玉和舞伎等年少的艺伎，头发则梳成"桃割れ"[③]等少女的发髻，穿露肩的振袖。其中，京都的舞伎还尤以拖地的长腰带而闻名。

当然，艺伎以"艺"为本，对她们而言最重要的不是外

---

① 柳杨. 艺伎考——日本艺伎的发展历程初探［J］. 黑河学刊，2017（05）：98-100.

② 岛田髷：是日本发髻中最常见的女性发髻，其基本形式是头发挽起，梳上发带，再系上发带。岛田髷在江户时代非常受欢迎，出现了各种各样的派生发型。

③ 桃割れ：是江户时代后期到昭和年间在商人的女儿中流行的女发髻。其样式是把刘海高高翘起的同时，鬓发在脸一侧鼓扎。

在而是艺能。从十岁开始，艺伎就要被送到专业的训练馆学艺。学习内容繁多，其中包括礼仪、舞蹈、三味线①、能乐、诗书等等。训练标准也十分严格，一言一行都必须展现高雅和稳重。比如有一项考察内容是吃热豆腐，要求不能发出声音，更不能碰到唇彩，可见其严苛程度。

在京都祇园，这些还在学习或见习阶段的年轻女孩被称为"舞伎"。她们一边在女红场学习技艺，一边在前辈的带领下参加酒宴，直到十六岁左右换襟成才——将和服里面衣服的领子颜色由红色换为白色，以表示自己已经成为正式的、独立的艺伎。

除了培训的高昂费用之外，艺伎的服饰妆容、歌舞表演的道具也是不小的花销，因而她们会找到一位有钱人来做"资助老爷"②。这位资助老爷一旦选定了哪位艺伎，一般就要对她终身负责——从每次表演做的和服，到随身携带的物品、装饰品以及每月的生活费，都由这位资助老爷出钱，甚至艺伎年长后要退出艺伎行业单立门户，这笔资金也需要资助人来出。

所以说，艺伎着实是有钱人培养出来的艺术。但是这种"对钱的执着"也塑造了京都艺伎的专业待客精神——不管是谁，只要花钱，就能给你提供相应的娱乐。这一点在幕末时期

---

① 三味线：是日本的一种传统弦乐器，由四角状的扁平木质板面蒙上皮制成，琴弦从头部一直延伸到尾部，演奏者通常会用银杏形的拨子来弹奏。

② 资助老爷：日语称"旦那"。

体现得最为明显。彼时，各地藩主武士们聚集京都相商"尊王攘夷"，祇园艺伎们没有高高在上地拒绝这些"乡下人"，而是热情地迎接了他们。

等倒幕运动胜利以后，艺伎们也得到回报跻身社会上层。

艺伎君尾的故事便是这段历史的佳话，她以"女间谍"的身份嫁给幕府高官岛田，帮助维新派成功窃取重要情报，为倒幕运动的胜利做出了贡献。

昭和二十二年（1947）起，日本实施了《儿童福祉法》和《劳动基准法》，禁止初中毕业以前的儿童工作。如此一来，艺伎这种需要从小培训的工作，面临着青黄不接的危机。再加上现代社会各种新兴娱乐活动层出不穷，特别是酒吧、俱乐部的出现，令本就式微的艺伎走向没落。

现今，日本已将艺伎视为一种文化遗产，正积极保护着。为了让这种艺术更接地气，一些游客体验项目应运而生。在京都的祇园花街，女游客们可以身着华丽和服，体验江户时代的艺伎风情。另外，京都艺伎们还会应邀到外地表演，帮助推广和宣传艺伎文化。

第二节 起源于京都街头的"奇怪"舞蹈

很多人会把"艺伎"和"歌舞伎"混淆。实际上，正如前文所述，艺伎是指在宴席上用舞蹈、乐器等助兴、招待客人的女性。而歌舞伎则是日本的一种传统戏剧，且在今天，歌舞伎演员只有男性。

出现这种误解，大概率是因为二者名字中都有个"伎"字。不过，和"艺伎"一词不同，歌舞伎（かぶき）的词源来自于"傾く（かたむく）"的古代读音"かぶく"，意思是"倾斜"。从战国时代末期到江户时代早期，这个词广泛流行于京都，被用来指代穿着奇装异服等夸张怪癖的行为，而这类人被称为"かぶき者"（倾奇者）。

倾奇者在那时成为风潮。举个例子，当时的男性，一般着浅黄或藏青色朴素颜色的和服，倾奇者们却偏偏不走寻常路，穿起色彩鲜艳的女式和服，并且像斗篷一样披在身上，甚至在裙裤上镶兽皮。他们拉帮结伙，经常打架斗殴、抢夺抢劫，还喜欢在路口比剑、相扑、跳舞等。尽管这些行动扰乱了正常社会秩序，但倾奇者们所传达出的洒脱态度和反抗精神却受到不少人赞扬。

阿国便是受他们影响的人之一。这个岛根县①出云大社的巫女，为了修缮神社而四处游走募捐。当她来到京都时，受这里倾奇者的启发，她创作出了一种名叫"かぶき踊"的舞蹈。庆长八年（1603）的某天，在女院御所，阿国女扮男装，腰佩短刀，一边吟唱咏叹，一边敲扣钲鼓，表演着倾奇者与茶屋游女戏逗的场景。这样的新奇舞蹈一下吸引众多人的目光，令阿国声噪一时，甚至将军也专门设宴，请她跳舞。②

---

① 岛根县位于日本西南部，属于日本地域中的中国地方。

② ［日］奈良本辰也. 京都流年：日本的美意识与历史风景［M］. 陈言，译. 北京：北京大学出版社，2014.

之后，"かぶき踊"被游女歌舞伎引进，在虎豹毛皮打造出的奢华舞台上，五六十位游女们一边弹奏着三味线，一边翩翩起舞，场面壮观，吸引来数万人观看。在那之后，"かぶき踊"就在全国各地的花街流行开来。

不过，游女歌舞伎的表演掺杂了色情元素，舞蹈内容开始变质。并且因为观众争夺歌舞伎演员，打架斗殴之事也常常发生。这一态势引起了德川幕府的关注。为防止风俗败坏，宽永六年（1629），德川幕府下令严禁游女歌舞伎登台演出。

但事与愿违，随着女性歌舞伎的淡出，男风开始盛行，在京都、大阪和江户，年轻貌美的男子假扮女装，跳起表现男女情爱的舞蹈。这些男舞者被称为"若众歌舞伎"。这样一来，同性恋大盛，社会伦理变得更加混乱。庆安四年（1651），德川幕府宣布全面禁演歌舞伎。①

然而，政府的禁止依旧没有削弱观众的热情。在若众歌舞伎之后，野郎歌舞伎产生了。这种歌舞伎摒弃了过去的情色内容，表演者全部是留着"野郎头"②发型的男性。野郎歌舞伎不注重美色，转而精进演技，因此渐渐步入正统。

元禄年间（1688—1704），歌舞伎得到飞跃发展。狂言③被纳入歌舞伎的表演形式，还出现了许多著名的歌舞伎演

---

① 石林，唐诗. 图说日本艺伎［M］. 哈尔滨：哈尔滨出版社，2016.

② 野郎头：是江户时代一般成年男子的发型，乃是将额发剃掉后，将中间的一撮头发向前结成半月的形状。

③ 狂言：是日本戏剧的一个流派。它从猿乐衍化发展而来，一般穿插在能剧之间表演，是一种内容简单而即兴的喜剧。

员，包括以和事（恋爱场面）表演出名的坂田藤十郎，以荒事
（打斗场面）表演出名的初代市川团十郎。

歌舞伎舞台的发展则是从享保年间（1716—1735）开始
的。享保三年（1718），露天的歌舞伎舞台安装了屋顶，变
成了全盖式。这使得后来盛行的悬空和黑暗表演成为可能。
另外，花道也开始作为表演场所被使用，升降舞台、旋转舞
台也被创造出来，歌舞伎表演有了更多的样式和变换。与此
同时，人形净琉璃①的剧本也被改编为歌舞伎上演。延享年间
（1744—1747）出现了所谓的三大歌舞伎，包括《菅原传授手
习鉴》《义经千本樱》《假名范本忠臣藏》，它们都是从人形
净琉璃转化而来。

进入现代，娱乐方式多样化，歌舞伎不再是以往的娱
乐中心，许多演员进入电影界，导致歌舞伎渐渐萧条。为了
适应新时代的变迁，歌舞伎不断做出新的尝试。昭和四十年
（1965），国立剧场开张，复活狂言的演出取得了成功。国立
剧场还经常为高中生开设歌舞伎教室，努力培养新一代的歌舞
伎爱好者和传承人。

以三代目市川猿之助为代表的艺术家们，不断摸索着
歌舞伎的新形式，创造出了强调大胆演出的"超级歌舞伎"
风格。另外歌舞伎导演蜷川幸雄和现代剧导演野田秀树等合
作，将传统的歌舞伎戏剧搬上了现代戏剧舞台。

2005年，联合国教科文组织将歌舞伎列为非物质文化遗

---

① 人形净琉璃：是日本独有的木偶戏，由三个人分工进行操作。

产。这种从京都发展起来的戏剧艺术，不仅将作为京都的代表，更将作为日本的瑰宝被发扬继承。

第三节 织布界中的"爱马仕"

行走在京都西阵区的小巷内，古朴的建筑映入眼帘，耳畔传来各种纺织机发出的吱唧声响。时光穿梭回千年以前，整个西阵地区日夜可闻机杼声，人们埋头坐在缀织[①]旁，用纬线包覆着经线的方式织出一件又一件高品质的织物……

西阵织，是产自日本京都西阵地区的一种织物名，以多品种、少量生产为特色，被誉为织布界中的爱马仕。但从更深层次的意义上来说，它代表的不只是京都地区，更是日本传统纺织工艺的最高水准。

西阵悠久的历史和千年的起伏，造就了它今天的地位。5世纪左右，秦始皇的后裔弓月君为了躲避灾难，率领着120县的百姓从中国东逃至日本，定居在京都的西北部地区，即现在的"太秦"一带。[②]弓月君率领子民们养蚕织锦，将中国先进的纺织技术传入日本。这成为日本纺织业的发端。

延历十三年（794），随着桓武天皇从长冈京迁都至平安京，京都纺织业的发展也迎来黄金时期。彼时，庞大的皇宫贵

---

① 缀织：是西阵织所用的最古老的纺织机，完全依靠手工作业。其最大的特点是以纬线包覆经线的纺织方式完成织物。

② ［日］舍人亲王. 日本书纪［M］. 成都：四川人民出版社，2019.

族群体对纺织品产生了大量需求，为此朝廷专门设立了"织部司"，即官营的纺织厂。这些纺织厂大量制作绫锦绸缎等高级织物，为了满足皇室贵族的严苛要求，纺织从业者们还不断提高自己的纺织技术，丰富纺织种类。

随着律令制的解体，织部司逐渐衰退。工匠们脱离宫廷的管理，在织部司东边的大舍人町聚集定居，并开始自由生产和买卖。这一时期，他们制造出"大舍人之绫""大宫之绢"等精美纺织品。

13世纪左右，绫织技术从中国宋朝传入日本，手工艺人们在此基础上开发出的独特的唐绫，作为神社寺院的装饰品而被人们所珍爱。这一带的纺织厂还联合设立了纺织协会——大舍人座（"座"即"行会"），可见其繁荣程度。

然而，京都纺织业欣欣向荣的局面却在足利幕府第八代将军足利义政执政期间被打破了。应仁元年（1467），日本爆发了应仁之乱，京都的纺织工匠们纷纷迁至现日本大阪府的堺市避难。这场战争一直持续至文明九年（1477）才得以落幕，战乱的十余年间，京都狭小的城区却聚集了近三十万的兵力战马，变为"火海"，大舍人町也同京都其他地区一样，没有逃过被烧毁的命运。

应仁之乱后，京都开始复兴重建，流离各地的人们陆续返回京都。原大舍人座的工匠们也带着新掌握的技术，重新聚集在大宫今出川附近——应仁之乱时，这里是以山名宗全为代表的"西军"占领地，因而从这儿生产的纺织品也有"西阵织"的称呼。

人才的回流带动了地区的复兴。这时，西阵不仅拥有最高的纺织技术，还是日本最大的纺织业生产基地。但不可忽略的事实是，应仁之乱开启了日本长达百年的战国时代，京都作为争斗舞台的中央，难以避免战争的侵扰，盗窃、纵火等时有发生。战乱中的京都人无法回归平安时代的稳定生活，西阵织的需求远不及以往。

等织田信长、丰臣秀吉逐步统一了全国，西阵织才终于有了相对安定的发展环境。这一阶段，西阵的纺织工人们从明朝引进了先进的纺织机器，采用"先染线，后织布"的方式生产出高品质的"纹织"锦缎，进一步推动了西阵织的发展，使西阵织成为日本京都最具代表的产业。

江户时代社会稳定、经济繁荣，町人阶级掌握了雄厚的经济实力，也开始追逐皇亲贵族们享受的精致生活。以高档绸缎著称的西阵织因此受到越来越多人的喜爱。元禄十三年（1700）左右，西阵地区已经形成了面积超过160余町的产业集群，纺织机器总数超过7000台，行业发展步入鼎盛。[1]据说那时候西阵的买卖动辄上千两金币，有地方甚至被称为"千两路口"。

就在一切都朝着好的态势发展时，一场悄无声息的大火朝着西阵织袭来。天明八年（1788）3月7日，京都发生了历史上最严重的火灾——天明大火。这场大火的源头是位于京都郊区一间无人居住的屋舍，在强风助推下，火势迅速朝京都城

---

[1]　萧西之水. 西阵织、枯山水、歌舞伎："最日本"的人文景观[J].国家人文历史，2018（17）.

区方向推进，点燃了城内密集的木屋。由于当时的消防条件有限，这场大火持续了两天，导致京都城内80%的建筑皆被烧毁，包含36797间房屋、201间寺庙、37间神社。[①]西阵织地区也几乎全部被烧毁，不少纺织作坊被迫关门。其实，西阵织所历经的火灾远不只这一次。1730年初夏，西阵织也曾被大火烧毁了108町的作坊群，只留下不足3000台的织机。[②]

经历了漫长的灾后重建，刚刚恢复元气的西阵织又因政府的"奢侈禁令"遭遇挫折。天保年间，日本天灾频发，导致农业歉收，出现了全国范围的大饥荒，社会矛盾日益突出。为了维护封建统治，天保十二年（1841）德川幕府开始实行"天保改革"。在改革实行的众多措施中，有明令禁止奢侈浪费，矫正社会风俗的条款。与此同时，日本新的丝绸产地也逐渐崛起，以高级定制著称的西阵织销售遭遇低谷。

明治维新时期，日本开启全面效仿西欧的热潮，不仅引进了欧洲的社会制度，生活各方面也学习欧洲。大量西洋纺织品涌入日本市场，占据了西阵织的市场份额。另外，在生产效率上，纯手工制作的西阵织也远不及机器生产的西洋纺织品。

接踵而至的打击迫使西阵织做出改变，面对近代化浪潮，它必须闯出一条新的发展道路，才能延续往昔的光辉。于是，在京都市政府的倡议与协助下，西阵织率先迈出了引进

---

① 国史大辞典编辑委员会. 国史大辞典·第9卷［M］. 吉川弘文馆，1988.

② 萧西之水. 西阵织、枯山水、歌舞伎："最日本"的人文景观［J］.国家人文历史，2018（17）.

国外先进技术的步伐。一批通晓法语的留学生被遣往法国学习，他们带回了国外的提花织机，将西式织法融入西阵织的传统织法中，最终实现西阵织产业的崛起与成功转型。自明治十八年（1885）开始，西阵织物产会社、西阵织物会社等一批行会相继成立，由它们专门负责西阵织的推销，从而扩大了西阵织的市场。

大正、昭和时代，西阵织大力推动高档绸缎大众化，并积极保护和发展传统工艺，成为日本高档绸缎的代表。昭和五十一年（1976），西阵织被指定为国家传统工艺品。发展至今，西阵织已经形成以缎子、经锦、纬锦等十二种工艺品为核心的基础织法。同时，除了传统和服之外，西阵织还广泛应用于领带、皮鞋等领域，甚至还可以用作室内装扮，在很大程度上突破了传统。

西阵织历经几起几落，但均在看似绝望之处找到生存希望。通过一代又一代匠人的坚持与深耕，西阵织成为享誉世界的京都文化财产。未来，西阵织也会秉承初心，在不断变化的世界中保持活力。

第四节　佛教的艺术体现——佛像

日本的佛像制造可追溯至飞鸟时代。公元552年，钦明天皇收到百济国使者赠送的一份礼物——一尊由金铜制成的释迦牟尼雕像，这尊佛像象征着佛教正式由中国经朝鲜传入日本。自此，佛教开始在日本传播并发展，进而影响整个日本的发展轨迹。

佛像不仅是一尊静态的雕刻工艺品，更是一种宗教信仰的载体。从佛教信奉者的角度来看，它是禅定观想的对象：人们看到佛像便能由表及里、触景生情，忆念佛陀的功德与恩德，在心中种植下福德的种子，最终悟得佛法的真谛……佛像艺术与佛教息息相关，佛像的制作也随着佛教的发展而变化——大到造佛师傅为佛像所雕刻的衣物及五官，小到佛像面部的细微表情。

日本早期的佛像大部分为金铜像，这或许与首次出现在日本陆地上的那座释迦牟尼雕像有不少关联。奈良时代，由于统治阶级不断抬高佛教的地位，佛像制造也备受推崇。与此同时，遣唐使们从中国带回最新的佛像样式，为日本佛像造型的发展提供了新思路。尤其是奈良时代后期，日本进一步痴迷于唐朝的文化，制作的佛像也充满了浓郁的盛唐风格：佛的脸型更为饱满圆润、嘴唇与耳朵也极富有肉感，奈良药师寺内的药师如来像就是代表之一。

这一阶段诞生了不少闻名的佛像杰作，譬如奈良法隆寺内的阿弥陀佛三尊像。但较为明显的问题是，日本的佛像一味模仿中国，缺少日本本土化的发展。这种情况随着平安时代的到来有所转变，乃至确定了日本在之后千年以来佛像造型的基本样式。

延历十三年（794），桓武天皇迁都平安京，为了摆脱旧势力的影响，重振朝政，他急需创立一种新的佛教来稳固政治，向人们传达精神比世俗的享乐更有意义。此时，以空海为代表的留学僧从中国回到日本，开创了具有神秘个性与特殊美感的真言宗，恰恰契合了京都皇室与贵族的需求，逐渐成为日本主流的佛教宗派。此阶段的佛像雕刻展现出以往未曾有过的特点：暗沉、厚重，富有神秘气息，让人不觉心生敬畏。

平安时代后期，大唐盛世日落西山，日本的遣唐使制度也被终止。长久以来被大唐风气压制的日本本土文化，终于在以京都为中心而展开的国风文化中复苏，其中就包括佛的造像艺术。

由于对极乐净土的信仰，这一时期的佛像面部虽然比平安时代前期的脸部轮廓略微膨胀，但是表情圆满祥和，眼、鼻、嘴、耳等细节也有所变化：眼皮变薄、眼角微向上，呈俯视的姿态；鼻子也完全是大多数日本人的鼻型，小鼻子无鼻孔；上嘴唇变薄，给人以严肃之感；耳垂细长，给人以优美典雅之感。这些佛像造型融入了日本人的外形特征，也极受藤原家族审美趣味的影响。

平安时代最具有代表性的造佛师是定朝。定朝出生于京都，是日本最具有创新精神的雕刻师之一。宽仁三年（1019），藤原道长建立法成寺，由定朝负责建造金堂和五大堂的佛像。造好的佛像备受藤原氏欢心，于是在治安二年（1022），定朝得法桥上人位。永承三年（1048）又因修补兴福寺经堂与其他佛像有功，被赐予法眼和尚位。此后定朝一直受宫廷与藤原氏之命，制作了大量的日式佛像。

但定朝真正的贡献并不在于建造了多少尊佛像，而是开创了一种新的造像风格——定朝样式，这成为日本平安时代后期日式雕刻的典范。同时，他还发明"寄木造"的造像工艺，即分别雕刻数块木材，最后拼合完成一尊佛像的工艺。这样的造像工艺让造佛师们得以有机会分工合作，在很大程度上提高了造佛的工作效率，同时也减轻了造佛师们的工作压力。

定朝制作的佛像大多采用木材，但实际上，早在9世纪的时候，造佛师们就已经选用木材作为佛像的原料。相比于其他材质，日本人更偏爱具有自然之气的木头。

如今，定朝唯一存世的遗作，还供奉于京都平等院内的凤凰堂，现已成为日本的国宝之一。此尊佛像名为阿弥陀如来坐像，高278.8厘米，主要采用木造、漆箔，为定朝晚年所制。从阿弥陀如来坐像的完成度来看，其高超的雕刻及黏合技术，不仅让佛像的衣褶线条浅淡流畅，还使佛像的胸膛没有明显的肌肉线条，平滑且低调……综合而言，整座佛像圆润光滑，展现出佛的慈祥与优雅之态。此外，佛像面部表情祥和，神态端庄大方，足以成为日本雕刻历史上难以超越的高峰。

定朝使日本佛像开始脱离大唐风格，并开启日本本土的样式——和样。以往佛像的威武凝重完全被慈祥温和所取代，佛更显平易近人。

平安时代末期，皇家贵族势力衰弱，武士阶级逐渐抬头。源赖朝作为武士出生，审美与皇室公卿等文人多有不同，他渴望树立一个属于武士的艺术标杆：相比于文人中意的温润含蓄之美，武士更喜欢凸显身体力量，强劲有力成为此时佛像艺术的特点。具体而言，此阶段的佛像基本特点为：脸长而充满现代感；眼睛呈俯视状；鼻子以下出现鼻孔；嘴唇大小更接近于真人；耳朵也比以往更具有肉感。选用的制作原料也为木材，因为木雕更容易刻画纹理和线条。

这一时期最出名的造佛师流派是庆派，以快庆与运庆两位造佛师为代表。现京都还保留有以庆派为主的七条造佛所的遗址，专供造佛师潜心研究佛像制作工艺。

运庆是庆派创始人康庆的儿子，他改变了自定朝之后，佛像雕刻趋于保守、形式化的状态，让佛像走向现实主义。运庆创作的佛像面部通常英武俊逸，佛像的身躯与定朝的样式也有明显的区别——不同于定朝的平滑，运庆所造佛像躯体结实壮硕，衣物堆积的褶皱感强烈，纹路清晰，甚至可以看见佛像胸膛表面凸起的血管与肌肉。完美展现了武家文化影响下，人们的审美风格的明显转变。

为了让佛像更具有人物的身体特征以及精神气质，运庆还利用水晶制作佛像的眼睛，让佛像更具生命力。比如八大童子立像、世亲菩萨立像等作品就极度逼真于现实。运庆同定朝一样，获得"法桥"的称号，并受统治阶级的委托制作、修缮了不少佛像，比如位于京都六波罗蜜寺的地藏菩萨坐像、位于栃木县光德寺的大日如来坐像、位于爱知县泷山寺的圣观音菩萨立像……

在运庆现存的几十座作品中，有十一件作品成为日本的国宝，这些佛像都能够体现出强劲有力且立体的特点。如果没有运庆的出现，或许日本的佛像同中国的佛像并无较大的差别，也不会出现众多栩栩如生的佛像。是他令佛像走向现实主义，让人们更加亲近于佛，促进了佛教在日本的传播。

另一位造佛师快庆，是康庆的弟子。虽然快庆遗留至今的作品较多，但他的生平事迹却很少。可以确定的是，他除了是一名造佛师以外，还是一名虔诚的佛教信徒。快庆皈依阿弥陀净土宗后，将自己的称号改为安阿弥陀佛，因此，人们也将他雕刻的佛像称为"安阿弥样"。

同运庆一样，快庆的佛像也属于现实主义，但是他制作的佛像纹路不及运庆深刻，整个佛像给人以高贵优雅之感，主要表现为细长的身形、平和且充满智慧的面向、生动逼真的服饰……京都醍醐寺内的弥勒菩萨坐像、奈良东大寺的僧形八幡神坐像、和歌山县金刚峰寺的四天王立像都出自快庆之手。每一座佛像，都是足以让人赞叹的艺术品，让古往今来的日本人着迷。

快庆为镰仓雕刻样式的最终成型做出重要贡献，并使"安阿弥样"代代相传。平安时代与镰仓时代的佛像雕刻可谓日本历史上佛像制作的巅峰时刻，不论是定朝样式，还是运庆样式、安阿弥样，都为京都乃至日本的造像师提供了极具价值的参考，促进了日本造像史的发展，点亮了日本的佛教艺术。

第六章 寻味京都

感受京都，不是只能通过人的视觉与听觉，还可通过味觉，用味蕾来体验京都之味。

在日本文化中，茶的地位极高。延历二十四年（805），留学僧将茶叶传入日本，掀起日本贵族阶层的"饮茶风"；室町时代末期，禅僧村田珠光开始用禅改造茶事活动，创立"茶禅一味"，是日本最早提出茶道精神的人；武野绍鸥深受村田珠光"茶禅一味"思想的影响，继承发扬了村田珠光的茶道精神——侘寂，改良茶器和茶室，创新发展了"谨、敬、清寂"为内涵的茶道境界。值得一提的是，在安土桃山时代，武野绍鸥弟子千利休结合"茶禅一味"思想，创立了"和、敬、清、寂"的茶道思想。日本茶道至此形成，并流传至今。

千利休不仅对茶道的发展有重要贡献，还在在这一过程中创造了最初的怀石料理，即"一汁三菜"。诞生于京都的怀石料理，经过多年的演变，凭其精致独特，已成为日本料理的最高象征。怀石料理不仅是味觉的艺术，也是一门食物的学问。

在京都的传统之味中，作为日本人代代相传的御番菜点心和果子，也占据重要之席。它们蕴藏着京都的四季，展现出食物的艺术，代表了京都饮食的仪式感。

第一节　茶道之美，千利休之创

日本茶道，始于京都。

自延历二十四年（805）开始，以最澄、空海、永忠等为代表的一批入唐求法的僧人陆续回到日本，他们不仅带回许多唐代的佛经书籍，还有中国的茶叶、茶法与茶器，并开始在日本栽种茶树，制作香茗，自此开启了日本"茶风"。

最初，遣唐使带回的茶叶数量有限，所以弥足珍贵。当时只有皇室贵族与世家大名才能接触到。茶这种清淡宜人的饮品迅速了俘获贵族阶层的心，饮茶蔚然成风。其中嵯峨天皇可以说是推行"茶风"的"最佳代言人"。

嵯峨天皇是大唐文化的重度爱好者，尽管他本人未曾入唐游历，但也在许多书籍中领略了大唐的魅力，并为之着迷。就茶而言，他曾阅唐代茶学家陆羽的《茶经》，了解了中国茶的历史源流与技艺，但令他切实接触到茶文化的是一名叫作永忠的僧人。

永忠和尚于宝龟六年（775）乘船来到中国，以遣唐使的身份在中国长安城的西明寺生活了整整三十年。在此学习和生活期间，他受到西明寺浓郁"茶风"的影响，对茶形成了独到且深刻的理解，延历二十四年（805）返回日本后成为日本第一茶僧。

弘仁六年（815），永忠在梵释寺中亲手为嵯峨天皇煎茶，嵯峨天皇饮后，被美味的茶汤所打动，为永忠施以御冠。回到御所以后，嵯峨天皇对茶念念不忘，遂命人在宫中开辟大内茶园，并且还在近江、丹波等诸国种植茶叶，每年向朝廷进贡。

延历二十四年（805），最澄也在赴唐短期交流后返回日本，他将携带的茶籽赠予位于京都比叡山的日吉神社栽种。此事见于《日吉神社秘密记》，是有关日本栽种茶树的最早记载。一年后，另一位僧人空海，也将从唐朝带回京都的茶籽上献给嵯峨天皇，并栽种于奈良的佛隆寺中。

通过与留学僧的交际，嵯峨天皇极力推崇饮茶之风。在此影响下，饮茶被视作一种高雅的先进文化而备受皇室贵族喜爱，大量用汉字书写的茶诗问世，例如《夏日左大将军藤原冬嗣献闲居院》《与海公饮茶送归山》等。皇室、贵族与僧人踊跃参与这场茶风活动，后人以嵯峨天皇年号为名，称这一时期为"弘仁茶风"。

"弘仁茶风"不论在形式方面还是精神方面，都秉承着唐代的茶文化传统，然而持续的时间并不长。嵯峨天皇逝世后，继任的统治者都不甚热衷茶事。宽平六年（894）停派遣唐使后，日本的和风文化兴起，代表大唐文化的茶事活动也逐渐衰退。

茶境式微的局面直到日本建久二年（1191），僧人荣西从中国回到日本才得以扭转。此时，中国正值南宋时期，禅宗与茶道均已发展成熟。荣西两度入宋在天台山参禅悟道，学成之后带着大量茶籽与禅味茶道回到日本。

他将带回来的茶籽种在筑前国背振山，并且从茶的药效出发宣扬饮茶习俗。与弘仁茶风不同，荣西让茶不再是皇宫贵族的专享，开始向民间普及。这代表着茶真正意义上在日本生根发芽。

后来明惠上人获赠荣西从宋朝带来的茶籽，将其播种在京都北部栂尾高山寺附近的深濑地，之后又在宇治的土地上播植。直到今天，宇治生产的茶叶都是举世闻名的。

建保二年（1214），荣西将自著的《吃茶养生记》与茶叶一起献给源实朝。源实朝见书中翔实记载了茶的种类、制茶方法，同时还提及茶可入药等内容，开始重视茶。饮茶就此在武士阶级中流行。

茶的普及，让人们对饮茶的方式有了更高追求。"斗茶"就是其表现之一，人们会聚集在一起甄别茶味。除此之外，富贵人家还花重金购买各种盛茶的器皿，打造豪华的茶室。室町幕府第八代征夷大将军足利义政就是其中一员，他用大量的名贵字画与精美茶器将银阁寺的茶室装饰得奢华典雅。

然而，所有繁华都在应仁之乱中毁灭殆尽，许多价值不菲的茶室以及器皿也都消失于战火。战争改变了人们的生活，他们对茶的理解也有了转变——不再痴迷于奢侈的饮茶方式，转而崇尚简朴佛系的饮茶，从而产生了茶道的雏形。

村田珠光成为茶道的启蒙者。他不仅是足利义政的茶师，同时也跟随当时著名高僧一休参禅。经过战乱的洗劫，村田珠光开始改造茶室活动。他摒弃以往饮茶的奢华风气，提倡简约化饮茶，相比繁杂的形式更注重精神交流，把古朴与寂静的"侘寂"精神带入茶中，开创了朴素自然的草庵茶风，创立"茶禅一味"，推开茶道之门。

继村田珠光之后，武野绍鸥继承了其"侘寂"精神，为茶道的形成奠定了基础。武野绍鸥出身于和泉国堺城，后来到京都，在临济宗大德寺的古岳宗亘门下出家。传说他三十二岁时，探访位于奈良的漆店松屋，在那里看到了徐熙的《白鹭画》，由此悟出了村田珠光茶道的茶味。关于饮茶方法，武野绍鸥曾说："应咀嚼般小口饮用，大口饮用不知其味。"意思是说，饮茶应该慢慢的、静静的，像一口一口咀嚼似的饮用，如果大口喝下去就无法感受到茶的滋味。但最后要一饮而尽，以免留下残渣。这种方式延续至今。除了茶道上的成就，武野绍鸥还是一名连歌师，不论是和歌还是茶，他的作品中都融入了侘寂美学。

武野绍鸥对当时的茶坛影响深远，活跃在安土桃山时代的大部分茶师均为他的弟子。千利休就是其中一位，他对日本茶道的正式形成有决定性影响，是日本茶道的集大成者。

千利休出生于商人之家，幼年开始学习茶术，十八岁时，成为武野绍鸥门下弟子。自此之后他跟随师父学习茶术，慢慢对茶道有了自己的感悟。天文二十四年（1555）武野绍鸥去世，千利休继承了师父的衣钵，并于天正二年（1574）被织田信长聘为茶头（即茶师），这令他声誉更高。

本能寺之变后，织田信长自杀而亡，丰臣秀吉顺势继承信长之位，千利休也成为秀吉推广茶道的重要指导者。在侍奉丰臣秀吉的十年，他迅速提升了茶道造诣与审美，可谓是他茶道修行的黄金时期。

千利休继承了村田珠光与武野绍鸥的"佗寂"文化并发扬，几乎确定了所有与茶道有关的仪式与过程。他创新性地采用非传统材料制作茶具，例如用以前装种子的"种壶"配上大小合适的涂盖当作水指（专用于盛冷水的茶具）。除茶具的制作外，千利休还对茶会主题的选择、茶室庭园的布置进行了改造。他对茶道的发展，还带动了茶具、书画等工艺品的精进，他也被誉为"日本审美第一人"，以至于有足够的底气在权贵面前说出"美，由我决定"。

千利休结合"茶禅一味"的思想，创立了"和、敬、清、寂"的茶道思想，促进了日本茶道正式形成。"茶道的精髓在于煮水、点茶并享有美味的茶汤，此外并无其他。"这是《利休百首》中千利休所认为的茶道。在他看来，主客之间秉承着"一期一会"的信念，全身心投入清净之境，专注于喝茶当下，看重精神交流，这就是茶道的最高境界。

村田珠光、武野绍鸥对茶道的理解与创造对千利休影响深远，千利休也继承并发展他们的茶道精神，带领茶道走向顶峰。

谁也不曾想到，从中国东渡至日本的茶种能够在日本迅速掀起一阵"茶风"，之后还被人们视为一种提高素养、修身养性的生活方式和途径，进而影响改变着日本人的生活，成为他们生活中不可或缺的事物。经过几代人潜心钻研，如今日本已经形成了具有民族特色的茶道体系，并成为日本民族文化光彩夺目的象征。

第二节　日本料理的最高象征

一谈到日本料理，传统的寿司与咸甜混合的寿喜锅仿佛就要跃然纸上了。人们对日本美食的印象大多如此，但这要是让日本高级料理厨师知道，他们一定会愤愤不平，因为日本料理并非只有简单的食物，它们有更深邃的内容，其中能最具代表的便是怀石料理。

在京都，用怀石料理招待客人可谓是招待礼仪的最高境界。关于怀石料理的诞生，民间流传有两种说法：一是怀石料理最早起源于京都的寺院，因僧人需要时刻保持清心寡欲的状态，所以每日不超过两餐。一些修行尚浅的僧人无法抵挡饥饿之感，只得用一块布裹上烧热的石头并放在腰腹之间，石头的热量逐渐由腹部向全身扩散，不仅驱散了寒冷，还缓解了饥饿。经过发展，怀石料理保持着最本真的味道得以传承。

另一种说法是怀石料理与茶道密切相关，它起源于茶道，因浓茶伤胃，茶室主人为防止客人出现心悸、恶心等醉茶情况，一般会在正式饮茶之前，精心为客人准备一些填胃的小菜，这就是怀石料理的雏形。随着茶道逐渐成熟，茶前小菜也逐渐成为有严格规定的怀石料理，与日本茶道的"侘寂"精神相吻合。

相比之下，后一种说法更受大众支持。因为茶道集大成者千利休就是怀石料理的实践者，他认为"一汁三菜"的料理与茶最搭配，这也成为当时的茶会料理。"一汁"是一道日式汤，"三菜"指一道刺身、一道煮菜、一道炸菜或烤菜。因茶道在安土桃山时代大为盛行，贵族阶层的人在茶事活动中越来越讲究精美，饮茶之前的料理也渐成主角。

随着时代的演变，怀石料理几经探索，慢慢融入日本正统本膳和会席料理的特点，将艺术、景象、禅意等多种文化汇集于一碟食物，成为精致独特且有故事的美食。

在京都，享用一次传统怀石料理的体验，通常会经过八个流程，即品尝八道菜，每一道菜都会在前一道菜食用结束后逐一盛上。第一个流程为"向付"，即开胃小菜，通常由米饭、味噌汤以及生鱼片组成。第二个流程为煮物椀，主要是蔬菜和肉熬制而成的汤，这也是考验一家怀石料理店的关键环节，恰到好处的汤底加上适当的料理，两者就会产生微妙的变化，再把熬制好的高汤放在相应的器皿中，这碗汤的温度就会通过器皿传达至赏味人的手里直至心里。如果没有好的高汤，料理就不复存在。第三个流程是烧物，主要是烤制的时令海鲜或肉类。第四个流程是预钵，主要是烤或烧制的牛肉。第五个流程是吸物，一些店家选择用味噌汤代替，主要作用是换口味。第六个流程是八寸，通常是由多款时令蔬菜和山珍海味组成的冷拼盘。之所以叫作八寸，是因为在器皿还很缺少的年代，人们只能用木板来代替器皿，而这个木板大小正好八寸。不大的木盘里不仅盛放着当下季节的食材，让食客感受到季节的独到性，还盛放着不同味道的食物，有甜有咸，味觉丰富。有的厨师会将八寸作为前菜，因此喜欢在八寸中多加入一些酸的元素，打开食客的味蕾。第七个流程是汤桶，通常是一壶热水以及腌菜。最后一个流程用作收尾，店家会呈上京都最具有代表性的点心——和果子，而每一家店推出的点心又独具特色。

怀石料理的每一道菜，都是料理人工匠之心的体现。当他们面对大自然赋予的食材，必须思考：如何处理每一种食材，才能放大它的特点？如何搭配不同的食材，才能让食物之间既独立又平衡？何时对新鲜食材进行调味才最佳，是烹饪食材的前一天，还是前一个小时？搭配什么燃料才能释放食材本味，是用煤气烹饪，还是用木炭烹饪？……制作怀石料理的学问数不胜数。每一次烹饪，都是怀石料理人的"艺术"创作，饱含匠人们的创意与情感。

怀石料理的每一道菜，都是一个独立的故事，它们发挥着承上启下的作用，串联在一起就是一个完整的故事。其中包含了自然之美、工匠之心等元素，给食客的灵魂带来绝妙享受，这也是怀石料理的特点之一。

一位怀石料理的匠人对此表示："这种讲故事的元素感动了我的灵魂，所以我想把怀石料理一直做下去。"

故事性是怀石料理的一大特点，十分讲究季节感则是它另一大特点。怀石料理的食材均选用当季时令蔬菜，尽量减少对食材的加工，充分利用当季食材的原汁原味。从食材的选用、制作到最后的装饰摆盘，料理匠人都竭力让食客体验当季的魅力。比如五月鸢尾花盛开，为凸显出这个时间，料理人会把食物放在冰上，并缀以鸢尾花瓣，冰渐渐融化，暗示着天气回暖，春雪融化的动态，体现出季节之感。

八寸也是同样的道理，制作八寸的食材也是当季蔬菜，可以说几乎一整个季节都被装入盒中。雅致的料理匠人还会装点八寸的器皿。

春夏之交的梅雨时节，料理匠人会喷洒水雾在器皿上，再点缀几片樱花花瓣，象征小雨淅淅，落花纷纷。食客仅看见器皿，就能感受到时节气息。

为衬托出怀石料理的气质与美味，精致的器皿也必不可少。很多怀石料理店会选用出自名家之手，或者是祖传下来的瓷器。关于这一点，京都一家怀石料理店店主表示："如果用机器制作的器皿装食物，既无法承载我们想要的氛围，也无法向客人传达我们的心意。"同时，他们还会根据季节采用不同颜色的器皿，比如夏季采用浅色系器皿，冬季或秋季采用深色系的器皿。料理人的关注点不只聚焦于食物，他们希望食客从器皿上就能感受到他们的心意。

怀石料理其实就是以料理为载体，达成食客与料理人之间的对话，客人满意，料理人才会知足。

更重要的是，食客享受到的不只有料理人用诚意烹制的美味，在京都的怀石料理匠人看来，怀石料理的真正灵魂是食客在店里享用的过程，其中食物大概占30%，服务占30%，余下的40%被料理人称作"气蕴"，这些气蕴也是京都自然所释放出的生命之气。

每一位制作怀石料理的匠人都有不同的风格、烹饪方法、感官与审美标准，所以在京都，每一家怀石料理都独一无二。如果以时间为轴思考，我们还能看到怀石料理在历史轨迹中的变化。京都的料理人，在传统怀石料理的基础上，不断挖掘怀石料理的潜力，创新它的烹饪方法。

京都有一家百年怀石料理店的经营者，为挖掘怀石料理的潜力，只身前往法国学习法国料理。回国之后，他开始创造不受传统束缚的怀石料理，将西式的烹饪手法运用于日式料理之中。传统的怀石料理中，红豆沙只能当作制作甜品的食材，但他坚定红豆沙也可以入菜，不加糖也能一样美味。为满足喜欢喝红酒的食客，他也创造出适合与红酒搭配的怀石料理，受到食客好评。

日本料理本是一种历史悠久的有形文化，但随着时间的推移，菜谱与烹饪技巧或许已经跟不上潮流，无法适应现代人的饮食需求。因而，既要守护好传统之本，又要融入新元素、创造新概念，这是今天怀石料理人的功课，也是怀石料理的魅力所在。

第三节　代代相传的家庭料理

怀石料理作为日本最高料理的代表，价格相对昂贵，并不是一般京都家庭的首要消费对象。相对而言，同属于京都代表菜系的御番菜就更为平民化，它是人们可以尽享的美味。

在京都，御番菜就是中国人常提及的家常菜。它采用既简单朴实，又新鲜平民化的当季蔬菜做原料，是精心烹饪的家庭美味。作为传统和食，御番菜一直流传至今，不仅传承着京都的文化，还蕴含着京都人的生活哲学。

随便说一道御番菜，就能体现出京都人的搭配天赋，比如茄子烧鲱鱼。京都人喜爱吃鲱鱼，因为它含有丰富的蛋白质与油脂。通常，他们会将鲱鱼与茄子一同烧制，在烧制的过程中，鲱鱼的营养元素随着鲜味渗入已被烧制软糯的茄子中，同时茄子的自然之味也会传入鲱鱼中，水里的食材与陆地的食材在热能中交织，其产生的风味深受京都人喜爱。

御番菜的口味以清淡为主。相比于日本其他地区的人，京都人尤其喜"淡"，以至于外地人调侃京都的食物"淡而无味"。京都人却不以为然，认为浓烈的调味反而使食材丧失本身多层次的味道，而简单调味能保留食材最本质的味道，是真正会"吃"的表现。所以，御番菜也秉承着京都人的这一喜好，以清淡而著称。

御番菜的食材——京野菜，是京都本地农民生产的蔬菜。在信息与交通并不通畅、保鲜技术也不够发达的年代，由于京都地处内陆，很难得到新鲜的鱼类与贝类，于是本地蔬菜成了料理主材。

那时京都是皇城，人们可以在这里种植各地方上缴的名品蔬菜。加之京都拥有三面环山的盆地地形，不仅四季分明、昼夜温差大，还拥有丰富的地下水资源——高野川、宇治川等河流，均为京都的土地提供养分，使之更为肥沃。自然优势让京都生长的蔬菜在色泽、大小上都与其他地区有所不同，成了独特的优良品种。堀川牛蒡、贺茂茄子、九条葱、圣护院萝卜、京海老芋等均为有代表性的京野菜。为了保证京野菜的纯正，菜品杂交被禁止，京都的农户还必须接受专业检验。

昭和时代，农户们常常会推着装满新鲜蔬菜的车，从京都市北区的上贺茂一路叫卖到京都市区，只为给每个家庭送上最新鲜的蔬菜，让家庭主妇为家人烹制暖心的美味。直到现在，京都郊区还保留着种植蔬菜的农田，为选到最新鲜的蔬菜，有的京都市民会亲自去农田摘选，有的则站在街道旁耐心等待农户到来。不久，农户就会开着载满蔬菜的卡车，穿梭在古香古色的京都街头，为本充满雅韵的京都又增几分灵动生气。

在过去，由于保鲜技术不先进，京都人开始思考如何才能延长食材的保存期限。于是，他们把青花鱼放入盐和米醋中腌渍，造就其酸咸的浓缩风味，成为人们口中常提的古早味。再者，水在食材的烹饪中不可或缺，优质的水能够给予菜品"活力"。而鸭川、宇治川、桂川交汇处的伏见桃山一带，自古以来以伏水闻名，伏水清冽柔软，居民为了烹制美味的家庭料理，常常前往此处取水。

优质的水源，加上上乘的蔬菜与腌渍过的干物……简单的食材经过京都人的精心烹制，鲜美四溢，回味无穷，成为家人能够享受到的，简单却又"奢侈"的美味。

在菜品的制作上，御番菜同怀石料理一样，遵循着季节的特点，每个季节和特殊的节日均有相应的菜式和固定的菜品，这些菜品具有独特的寓意。

比如，每月月初，京都人会制作鲱鱼干和海带丝的煮物，这道菜的口感略有些许涩味，与日语"手头紧"有相似含义，所有他们告诫自己，即使月初手里拥有富余的钱，也必须勤俭节约，不可铺张浪费；每月月末，京都人会在家里制作豆腐渣吃，"豆腐渣"与"空"的日语发音相同，人们在月底吃着豆腐渣，这既是人们对月底没钱的一种调侃，也表达出人们对月初能拥有更多钱的盼望……这些富有寓意的御番菜，可谓趣味盎然，给"普通"的料理增添不少乐趣，还利于促进家庭和谐。

在季节的表现上，因豌豆象征着发芽与新生，为迎接春天，京都人会煮豌豆饭，寓意万物复苏；夏季正是茄子成熟之际，京都人会将捣碎的生姜泥均匀放在茄子上，用慢火烤制的方式，将它制作为下饭菜；秋分时节，一碗酸茎菜熬成的酸汤，沉淀的是时间的魅力，酸爽的口感正如秋日的凉风；冬风吹来时，正是芜菁成熟的季节，人们会用它制作各种御番菜，鲜美异常。

随着京都旅游业的发展，御番菜这种京都民间菜肴，也从家庭后厨摆上餐厅堂面，深受游客们的喜爱。如今人们在京都的街头闲逛，

如看见店门口挂有写着"御番菜"灯笼的居酒屋，推门而进，就可享受京都的家庭之味……

第四节　吃进嘴里的风雅——京果子

果子，是日本的点心之称。而京都的果子独具特点，被

称为"京果子"。它色彩鲜艳，造型万变。小巧玲珑的梅花果子，圆润的表面雕出一道道弯褶，恰似一轮一轮的花瓣晕染开来，以示春天临近；黑豆制成的团子，顶上点缀着一片片白色芋丝，就像雪花翩翩起舞后飘落在谁家的柴扉，给寒冬增添一丝温存。京果子俨然是京都的一张招牌。

时光穿梭回到千年前，京果子是在怎样的情况下诞生，再经过怎样的历史演变，才成为如今人们熟悉的模样呢？

远在古坟时代，"果子"只是单纯指树木与草类所结的果实，并无点心之意。但自7世纪开始，日本为学习大唐的先进文化、促进中日之间的交流，派大批遣唐使前往中国。在此机遇下，日本有机会接触大唐的事物，"果子"才渐渐有了不一样的含义。

"唐果子"①是起源于唐代的一种甜味点心，主要原料为米粉和小麦粉，其外观多样，放在手心宛若一件精致的艺术品。遣唐使被其外观与美味深深吸引，遂将它带回日本，进献给王公贵族。形味兼具的"唐果子"很快引起了上层贵族注意，他们让僧人赴中国学习"唐果子"制作工艺，制作出"唐果子"。但此时的"唐果子"并没有在日本民间广泛推广，而是作为供奉在神社与寺院的贡品。直到茶叶在日本民间普及，形成了独具特色的茶道文化，日式点心作为其中不可缺少的一部分，需求量才逐渐上升，有了进一步发展。

正和三年（1314），中国僧人林净因陪同师尊龙山德一

---

①　唐果子：通常是把米粉或者是小麦粉制作成面团，再下锅炸熟，然后用甘葛煎等调出甜味的食品。

起赴日传法。没想到，他去日本的这一趟，竟让他成为日本馒头的祖师爷。来到日本的林净因思念故乡的馒头，可当时的日本还未普及发酵技术，市面上售卖的点心不仅口感欠佳，而且色泽也不尽如人意。为改善这一点，他将中国制作馒头的方法运用到日本的风味小豆上，加以蒸煮与烘烤，制作了外观更漂亮、口味更胜一筹的馒头点心，不仅赢得日本平民喜爱，还传入京都宫廷中。当时天皇品尝到这种民间流行的点心，甚为开心，还赏赐宫女作为林净因的妻子。林净因制作的馒头点心成为日式点心的起源，日式点心才由此开始发展。

天文十二年（1543），一艘开往中国宁波的葡萄牙商船因遭遇海难，被迫登陆日本九州的种子岛。受季风的影响，这些葡萄牙商人没法继续前行，只得与当地民众交流。他们带来了蛋糕、饼干、金平糖等点心，并将制作技法传授给当地人。于是，以长崎为中心，这些西洋点心迅速向全国推广，给日本的果子电心带来了巨大变革。

这一时期，通过日明贸易，砂糖已大量引入日本。糖的使用彻底改变了传统日式点心的味道。同时，日式点心的制作技术也在此时得到很大提升，深深影响了现代日式点心的发展轨迹。

江户时代，随着日本商品市场经济发展和砂糖生产率的提高，果子的风味与制作得到了更大提升。日本各地的果子商铺开始竞争，纷纷推出各式各样、制作精良的果子。其中以京都为代表的"京果子"和以江户为代表的"上果子"竞争尤其激烈。

　　这一时期政治、经济中心转移到江户，江户的庶民文化繁荣，上果子追求简单、平易近人，极富町人气息。而京果子就更讲求精致。京都的果子店分为三种类型：果子屋、馒头屋与饼屋。其中，果子屋所制作的果子专门供应于皇室贵族的茶会、祭祀，是身份与权力的象征，制作时必然更加精益求精，使用上等食材，颜色也更为典雅，堪称京果子的代表。这也是他们能够在砂糖被严格管制的情况下，还能不受限制使用砂糖的原因之一。

　　此外，和怀石料理一样，京果子的制作也讲究四季之感——严格挑选时令素材，在不同时节塑造不同的点心造型。匠人从大自然不断变换的景物中汲取灵感，赋予京果子丰富的内涵与意蕴。

　　春天，单是樱花饼就有各种各样的类型：有的是粉色的糯米团子上敷着一片盐渍的樱花瓣，有的把樱花装进晶莹剔透的水信玄饼中，还有的干脆就做成满开的樱花形状，粉色的花瓣一圈圈绽放在赤豆、糖霜的混合物中。

　　夏天，果子呈现出凉爽的水感，由红豆、寒天、砂糖混合后蒸制而成的水羊羹，光滑半透明的表面在视觉上给人带来清凉。精致的京都人还把它装进竹筒，营造出幽林清泉的氛围。还有刨冰，日语里称作"かき氷"，这种在细碎冰碴上浇糖汁的美食，虽然当下已流行于大街小巷，但在平安时代的《枕草子》中，它却被视为高级之物。碎冰被高高堆起，这模样被雅趣的贵族文人们形容为水晶念珠、紫藤花。为让京果子在夏天发挥出清热解毒、生津止渴、清心明目的药用功效，果子屋还会售卖葛根馒头，让人们在享受美味的同时，也能拥有健康。

色泽丰富的秋天也能在和果子上表现得淋漓尽致。"柿子"是日本人秋天的必备点心，其物如其名，是由晒干的柿饼混合白豆沙制作而成的生柿子状点心。食材经过精细加工后，居然又还原到本真面目，让人不得不感叹匠人手艺的神奇。层林尽染的山野，也被装进一枚小小的赤豆果子中，由绿到黄，由黄转红，渐变的颜色渲染出深秋的韵味。

冬季的京果子在寒冷中绽放生命活力，金团就是代表之一。这种以赤豆和糖霜为原料制成的团子，表皮轻轻粘上了粒粒芋丝，翠绿和雪白混合为一，仿佛青草在雪下萌动。薯蓣馒头亦如此，它由芋头、红薯做成，表面常常装点成冰晶、雪花造型，内里却裹着细腻的红豆馅，一口咬下，温暖融化在嘴里。除此之外，制作京果子的匠人还会选择此时正盛产的板栗作为原料，在释放热量的同时，也会让人们体验别样的温暖。

造型上的表意调动着视觉神经，果子的软硬通过手来触碰，时令的用材又勾起嗅觉和味觉的享受。而从听觉上感知京果子，不仅在于食用时发出的声音，还在于听到果子名字时浮现的遐想。这样一来，一只小小的果子，便唤醒了五大感官，品出了五种滋味，日转和星移，春秋和冬夏，皆藏纳其间，可谓吃进嘴里的风雅。

第七章　百年老店的集聚地

在全球最古老企业排名中，排位前十的企业只有一家属于欧洲，其余九家均来自日本。根据调查，京都百年老店的出现频率排名全日本第一，超过1000家。[①]京都之所以能够拥有如此多的百年老店，背后蕴含着历史、人文等众多因素。

值得关注的是，在京都的百年老店中，数量最靠前的企业类型是纺织行业与建筑行业。在穿上，京都自古就被称为"时尚之都"，天皇贵族的需求引领了纺织业的繁荣，并孕育出以西阵织为代表的纺织艺术。永乐屋就是一家拥有近400年历史的纺织批发商铺，战国时代它是织田信长的御用棉布商，一度十分繁荣鼎盛。在时代冲击之下，永乐屋也曾陷入困局，直到第十四代掌门人细辻伊兵卫接手并对品牌进行了改革，这家企业才得以复兴。

京都作为千年古都，拥有800多座神社，1700多座寺

---

① 张昭君. 日本京都老字号企业生存与发展研究［D］. 北京外国语大学，2016.

院①，以及大量的町屋。漫长的时间为这些古老的建筑增添了历史韵味，同时也不可避免地带来了"疤痕"。这时候，在维护古建筑方面拥有丰富经验的百年老字号就显得格外重要了。

21世纪，京都的百年老店面临机遇和挑战。据日本调查公司帝国数据银行给出的结果，2018年，日本有465家百年老店倒闭，刷新了21世纪以来的最高纪录②，增幅超过2011年东日本大地震时的数据。面对时代的冲击，京都的百年老店需要做出什么抉择才能继续释放自身的魅力？这是京都百年老店需要思考的问题。

第一节 为什么京都能拥有众多百年老店？

百年老店，顾名思义是已成立上百年的店铺。全世界哪个国家的百年老店最多？根据日本经济大学研究生院院长后藤俊夫统计：截至2014年，日本拥有25321家百年企业，数量位居世界第一。③其中，京都作为日本的千年古都，其深厚的文化底蕴孕育出一大批百年老店，根据2016年1月日本帝国数据

---

① 茶乌龙. 知日·世上只有一个京都［M］. 北京：中信出版社，2018.

② 格隆汇. 低生育率的苦果？日本去年有465家百年老店倒闭［EB/OL］.［2019-08-01］.https://www.gelonghui.com/live/267853.

③ 前瞻网. 为何日本会有超过25000家百年企业？［EB/OL］.［2019-11-14］.https://t.qianzhan.com/daka/detail/191114-c0884d08.html.

银行的调查数据，京都府具有一百年以上经营历史的老字号企业共1251家，其老字号出现率位居日本第一。[①]

为什么京都能够拥有如此多的百年老店？

首先，自桓武天皇迁都平安京后，京都长时间位于日本的舞台中央。在一千余年的时间内，人口与财富集中于京都，文化与历史在这里沉淀，促进了数之不尽的匠人以及屹立百年的老店诞生，它们涉及纺织业、清酒制造业、瓷器漆器制造业等多种传统行业。

此外，诞生在皇城之中的百年老店，它们的顾客群体不局限于普通市民，更涵盖皇家、贵族以及僧侣。这给京都制造提出了更高的要求。商铺的经营者们为了在激烈的市场中寻求生存与发展，必须专心致志地用顶级的原材料制作最优秀的产品，保证所产之物的优等质量，努力让顾客满意。这些商铺在历史发展中逐渐积累了精湛的技术，凭借丰富的经验生产出优质的产品，提供给皇室、贵族和寺庙等。

跟随历史的脚步，京都的百年老店凭借优秀的质量打响了名号，不仅成为高级商品的代名词，也成为企业长久生存的资本。比如京都的西阵织，直至今天，它依旧是大多数日本人心中顶级的纺织工艺品。

京都的百年老店之所以能够传承至今，除了以质量取胜之外，还有一个重大生存法则——京都企业家非常注重"传承"。交班者会在较早的情况下对接班者进行培养，培养的内

---

① 张昭君. 日本京都老字号企业生存与发展研究［D］. 北京外国语大学，2016.

容除商铺经营理念，甚至还包括人生哲学。通常情况下，交班者与接班者是父子关系。但在特殊情况下，如交班者的儿子无德无能，不具备接管家业的素质时，交班者也会寻找其他人来继承家业，比如足够了解企业的员工。

堀金箔粉是一家于正德元年（1711）在京都创立的百年老店，迄今为止，店铺的历史已超过三百年。其第九代接班人堀悦明正式接管堀金箔粉时仅二十五周岁。年纪轻轻就能继承庞大的家业，在很多人眼中是不现实的事情，但了解过堀悦明父亲对他的考验后，所有事情似乎都变得合理。

堀悦明在家中排行第二，当他还是一名高中生时，父亲就经常派他与兄弟一齐去催收货款，几乎每次只有他能够将难收的货款一并收回。除此之外，他还解决了让父亲头疼的税务问题，同时与税务署建立了良好的关系。这些事过后，父亲对堀悦明刮目相看，决定将他培养为堀金箔粉的接班人。于是，堀悦明受到更严厉的要求：必须每天先打扫完店铺才能去上学，放学后也要和工人一起处理店铺的事情，上了大学也保持这一惯例。除了学习，堀悦明的生活起居基本与店里的工人无异。长时间的基层锻炼，使他赢得了家人和工人的信任。堀悦明三十二岁时父亲逝世，但是店里没有一个工人离开，大家都选择留下来和与他一起打理店铺。

堀金箔粉的第十代接班人堀智行亦是如此。堀智行是堀悦明的儿子，当他还是孩子时，周围的人就告诉他长大后要继承家业。堀悦明传承了父亲对他的教育方式，十分注重对堀智行的人品教育。自懂事以后，堀智行就具有继承家业的意识，直到大学毕业，他顺理成章地进入堀金箔粉，和曾经年轻的父亲一样在基层锻炼，之后顺利成为堀金箔粉的接班人。

京都能够拥有众多百年老店，除了历史赋予的宝贵价值、企业家注重传承的因素之外，还有百年老店在发展过程中逐步形成的经营理念。在时刻变化的世界中，这些理念指导着店铺长久、稳健发展。

首先，百年老店始终坚守本业、稳健经营，不被短暂的利益所诱惑。此理念与日本的工匠精神有密切关系。无论是制作寿司的厨师，还是酿造清酒的酒师，均不会为周围环境变化所动，只跟随自己的心与节奏走——做好一件独一无二的产品。比如制作金箔需要购买原材料——黄金，但黄金的价格波动不小，当黄金价格低时，大多数人会为了节约成本而大量买进黄金，但堀金箔粉不允许此事发生。因为一旦尝到投机的甜头，人们就不会专心制作金箔，堀金箔粉也没有存在的必要了。工匠精神与企业精神的合力，铸就了百年企业发展的强大内核。

其次，百年老店依据自身的能力经营，不盲目扩大规模。比如金箔目前只能由纯手工制作，不能引入机械。这是因为现今制作金箔的机械技术还未达到完全成熟，如果采用机械化生产，金箔的质量易参差不齐。但是不运用机器，也就意味着金箔不能实现大批量生产。舍弃量而注重质，老实本分地从事本业工作，这是京都百年老店的坚定步伐，也正因如此它们才走得更加长远。

最后，京都的百年老店极重视社会信用，坚持无负债经营。就社会信用而言，大部分京都的百年老店经营者认为，信用是经营店铺的一个重要指标。最基础的一点，是要保证商品的质量。除此之外，真诚地对待客户和供货商也是维持店铺信誉的重要方法，这也符合京都人骨子里的"和"文化。就无负债经营而言，它与负债经营相反，即不向银行或者金融机构贷款来缓解自身的压力，从而继续推动公司发展。京都的百年老店坚持使用自有资金，以防出现资不抵债的情况导致百年经营毁于一旦。

以上仅是从京都百年老店的主观条件出发，探寻他们能够得以传承的原因。但京都百年老店的"法宝"并不局限于以上几点。客观条件也在很大程度上刺激了京都百年老店的发展。

明治天皇迁都至东京后，京都丧失政治中心的地位，发展也曾受挫，但在明治维新殖产兴业等政策的扶持下，京都的经济得以重振，百年老店再逢春风。迁都前的战争对京都百年老店的影响也非同小可，它既带来了挑战，也带来了契机。

过去，由于京都特殊的历史地位，都城内多次发生战乱，民不聊生。在动乱时局下，不少百年老店几度毁而复生，培育出顽强的生命力。京都在二战时幸运躲过炮火的轰炸，很多百年老店因此得以幸存，并凭借顽强的生命力，传承至今。

第二节　纺织出的美丽

日本有一句俗语道："大阪人吃穷，京都人穿穷。"细细看来，这句话也并非浪漫主义，倒是现实生活的写照。

在京都百年老店的行业分类中，从事纺织行业的百年老店数量最多。其中，在明治维新以前成立的纺织品批发百年老店数量占京都纺织品批发百年老店数量的三分之一。这一数字就足见京都纺织业的历史悠久。位于京都的西阵织地区更是代表，在很久以前，这里就是集中生产纺织品之地，聚集了众多最具代表性的百年纺织老店。

明治维新以前，京都处于日本的政治、经济与文化中心，这里是皇亲贵族的集聚之地，他们是京都纺织品市场的主要消费群体，有的纺织店铺甚至直接成为皇家的御用商铺。加之当时平民百姓的生活相对稳定，人们对穿着有更高的要求，京都甚至被称为"时尚之都"。

综合因素影响下，纺织品的市场需求量日渐庞大，从事纺织相关活动的人员数量增加。同时，京都纺织品行业的店铺为满足不同客户的不同喜好、需求，必须生产出与之对应的精美产品，因此他们也必须不断提高、完善纺织工艺，直接促使京都纺织品行业技术日益精进，闻名全国。

永乐屋位于京都市中京区，创立于庆长二十年（1615），是日本最古老的棉布商之一。永乐屋的第一代创始人细辻伊兵卫，本以批发绢布、棉布和町家手拭①起家，后获得织田信长的重用，成为织田信长的御用棉布供应商。

织田信长所穿着的直垂，正是永乐屋制作而成。直垂是一种上衣下裙样式的服装，即上衣交领、三角形广袖、胸前系

---

① 手拭：即手巾。

带，是平安时代武家男性仿贵族服饰而设计的正装礼服，后来一直作为武士的盛装之一。制作直垂的原材料通常是绢布，随着时代的演变，直垂派生出多种不同的织法与纹路。

织田信长对永乐屋所制作的直垂甚为满意，因此赐予第一代创始人"细辻"的姓氏。从这一点可以看出，永乐屋纺织工艺的精湛程度。现今，永乐屋的继承者已传承至第十四代，一直都使用第一代创始人的姓名——细辻伊兵卫。

既然京都有三分之一的纺织品批发老店创立于明治维新以前，从另一方面来看，还有三分之二创立于明治维新以后。按常理来说，天皇的迁都致使皇室成员与贵族等群体离开京都，不少从事纺织品行业的店铺丧失了稳定的客源，纺织品行业从业者减少应该更符合逻辑。可事实却是，京都在社会变迁的转折点上，又诞生了一大批从事纺织行业的经营者。这背后蕴藏的原因，又与明治维新的新政策有着密切的关系。

明治天皇迁都后，京都的市民的确曾有焦虑的情绪，京都的商业环境也或多或少受到影响。但在明治维新的政策影响下，京都的纺织业得以复苏。

就产品性质而言，纺织业属于轻工业，相比于重工业，它的投资少、短期效益高，同时具有广阔的市场，所以在明治维新时顺利成为日本的国民经济主导产业。在《京都府施政大纲建言书》的号召下，京都也顺势抓住纺织产业的发展机会。

首先，京都派遣通晓法语的纺织职工远赴法国里昂，学习先进的纺织技术，并带回多种新式的纺织机器在京都推行。西式织法被融入日本传统织法之中，促进了京都传统纺织业的振兴。另外，明治二年（1869），京都市政府设立西阵织物产会社，统一对纺织品实施价格管制、海外营销与市场扩张。

其次，为促进民间纺织业的现代化改造，日本政府用22万多日元购入10台纱锭棉纺机，以无息、分十年偿还的优惠条件出售给民间。[①]此外，在日本中央政府的号召下，京都府政府还帮助民间企业垫付外汇。

在《京都府施政大纲建言书》施行二十年之后，京都迎来私人创业的高峰期，尤其是纺织行业领域。如今有"帆布包中的LV"之称的一泽信三郎帆布（前身为一泽帆布）正是在此纺织振兴浪潮中创建的。

明治十四年（1881），一泽喜兵卫在内国劝业博览[②]会上看见日本首批国产且数量有限的缝纫机，对其一见倾心，不惜花费重金购买，但其用途只是处理简单的家用物品。直到明治三十八年（1905），一泽喜兵卫才正式创立一泽帆布。从创立之初开始，一泽家选用的帆布面料都是上等优品，每平方米重228克以上，同时必须用棉或麻以特定织法完成的厚面料，才能成为一泽家所采用的帆布。

当二代继承人一泽常次郎接管店铺之后，一泽帆布的产品刻上了较为鲜明的产品标签和时代特征。一泽常次郎关

① ［日］坂本太郎. 日本史［M］. 北京：中国社会科学出版社，2018.

② 内国劝业博览会：是明治时代日本举办的博览会。以促进国内产业发展，培育出口产品为目的，1877年、1881年、1890年在东京举办，1895年在京都举办，1903年在大阪举办，共举办了5次。

注人们生活习惯的改变。当帆布还不是人们随身携带的必需品时，他开始使用帆布制作户外用品，例如户外支撑的帐篷等；当自行车开始在京都普及时，他开始打造结实耐用的帆布包，放在自行车前当作工具袋使用，相当于移动的广告牌。后来，一泽常次郎也像父亲一样，花费重金购入美国某知名品牌当时最新的缝纫机，提高了生产力。渐渐地，他还开始用帆布制作盛放酒瓶的袋子，以及人们生活中使用的帆布袋。一泽家的包很快就在京都乃至周边流行开来。

之后，在第三代继承人一泽信夫的经营中，一泽家的产品又有了新发展。因一泽信夫出生于战争年代，受战时统治政策的影响，他开始用结实的帆布制作军队用品，比如吊床、降落伞。战争结束后，一泽帆布家产品的质量再次得到肯定，其推出的登山用品成为当时登山爱好者必买的物品之一。

从第四代继承人一泽信三郎接手店铺开始，店铺风格与现在一泽信三郎帆布的风格相似。一泽家的帆布袋也从工具袋转型成为如今的一泽帆布包，推出的产品更加多元化，好看、实用是人们对一泽帆布产品的评价。同时，帆布包更广泛地出现在人们的日常生活之中，例如由帆布制作成的单双肩背包、邮箱袋或小钱包，甚至是围裙等，但均只是小规模、多种类的生产。

虽然一泽信三郎所制作的帆布包看似随着时代而改变，但在制作产品的过程中，制作帆布的匠人们从未改变匠人精神，他们仍使用着20世纪七八十年代的缝纫机，用钝剪刀剪裁布料更是工作室常见的景象……因为有这样的精神，一泽家生产出的产品也足够有底气让店铺说出"要买帆布包，来京都吧！"的话语，使之成为京都纺织行业的一张名片。

第三节　古都"美貌"的建设者与维护者

在京都百年老店的行业分类中，造园、建筑行业百年老店的数量，仅次于纺织批发行业百年老店的数量。其中，从事造园行业的百年老店有28家，从事建筑行业的百年老店有26家。[①]

造园与建筑的百年老店数量靠前，似乎很贴合京都的历史。它作为日本的千年古都，拥有800多座神社、1700多座寺庙以及众多的民舍。[②]这些复杂工程的建设，都需要由专业的人来负责。且随着时间流逝，维护、修复这些建筑与庭院，也同样需要富有经验的专业人员。这让造园业和建筑业店铺在京都格外"吃香"，并发展为百年老店。

以造园行业为例。庭园的建设是京都的特色之一，它能够体现出京都人对季节更替的敏感性，也能够体现出京都人的审美情趣。自古以来，日本的皇室、贵族、僧侣、武士们就在京都建造过各式各样的庭园，其中庭园细节的设计，堪比完美的艺术。这些庭园在造园师的维护下，几乎始终保持着原先的

---

① 张昭君.日本京都老字号企业生存与发展研究［D］.北京外国语大学，2016.

② 茶乌龙.知日·世上只有一个京都［M］.北京：中信出版社，2018.

状态：或与自然巧妙相融，或自身散发出独特的禅意，不断吸引着外来的游客前来观赏、驻足、留念。

在庭园的建造中，造园师们通常会选用借景、堆石、水和植栽等要素来构筑一个完整的庭园。借景，即借助远方自然生长的物体，如山石、林木等，使之与眼前事物融为一体；堆石，则是将石头塑造成为具有意境的"小岛"，例如象征长寿的鹤岛与龟岛；水，主要是池潭流水的设置，平安时代的京都多涌泉，但随着时间的推移，泉水开始减少，造园师们只好选择从外间引水入园；植栽，则是在庭园中栽种之植物，例如松树、樱花等，随着季节的演变，这些植物呈现出不同景色，把庭院装点得分外迷人。

按照大致风格分类，京都的庭园可以分为池泉庭园、枯山水庭园和露地庭园三种类型。池泉庭园是以池水泉流为中心建筑楼阁馆舍。在安土桃山时代，造园工匠们试图在以池潭流水为中心的院落中以石造景，比如在池中设立小岛，让人们在庭园中就可以感受山间绝美景色。枯山水庭园虽然在名称中含有"水"字，但在实际的园林构建中，丝毫没有水元素，这样的庭园类型重视堆石以及白砂构建的自然之感，改变了庭园必须依水而建的格局，这是同池泉庭园式最大的不同。枯山水庭园通常是禅宗的修行之地，所以对庭园的解读通常因人而异。第三种类型是露地庭园，它是去茶室的必经之地，寓意在进入茶室之前，人们要调整心态，排除一切杂念，这样才能参与茶道仪式，秉承"一期一会"而饮茶。通常露地庭园的构成由露地门、中门、雪隐、侍合与飞石组成。

　　这三种类型的庭院，在京都的寺庙、神社中都很常见。元离宫二条城内的二之丸庭院就是模拟蓬莱仙境而建，其采取堆石、水与借景等元素，建造了池泉式庭园，构造出一幅错落有致的画面；平安神宫内的庭园也在造园师的"鬼斧神工"下，诞生了白虎池与黄菖蒲等美艳景象，白虎池内生长着200余种黄菖蒲，不仅空间开阔，而且景物的错落有致也让观赏者赏心悦目。

　　站在一位欣赏者的角度观赏京都的庭院美景，就能感受庭园的打造与维护是一门巨大的学问，考验着造园师的艺术、美学、禅意等综合能力。一位资深的造园师感叹，维护庭园比建造庭园的难度系数更大，可谓"四分靠造园，六分靠管理"。这正是造园行业百年老店存在的价值与意义。在京都造园行业的几十家百年老店中，位于京都市左京区的植弥加藤造园株式会社颇具代表性。

　　植弥加藤造园株式会社诞生于弘化五年（1848），它的第一代创始人加藤吉兵卫，是京都名刹——南禅寺的御用庭师。自成为南禅寺的御用庭师以来，加藤吉兵卫一直活动于京都洛东的鹿谷一带。经过170余年的发展，植弥加藤造园已成为日本顶级造园企业，由第八代继承者接棒。旗下业务涵盖名胜庭园的管理养护，运用传统技法修缮寺庙庭园、别墅庭园和公共庭园，以及庭园建造的设计、施工、管理与运营。植弥加藤造园致力于最大限度地发挥庭园的魅力，给予业主独一无二的招待氛围。

　　创立至今，植弥加藤造园株式会社先后参与南禅寺、南禅寺小方丈庭园、南禅寺六道庭、南禅寺华严庭等庭园的建设，并提供造园指导。平成十八年（2006）之后，植弥加藤造园株式会社参与了无邻庵庭园、观音院、智积园、清水寺本堂、诸户氏庭园、平等院凤凰堂、龙山庄庭园等的修复、完善与管理工作。除此以外，还有众多私人庭园项目，例如京都历史最为悠久的茶馆——福寿园的造园工程。中国绿城集团在杭州建设的私家楼盘——凤起潮鸣，也是由植弥加藤造园设计。

植弥加藤造园株式会社之所以成为日本顶级的庭园设计方，并能够承担众多重量级的庭园项目，与其发展规划与展望——"不易流行"密切相关。"不易"意思是"不改变"，主要针对庭园文化的创造与继承方面。植弥加藤造园株式会社的庭园师必须始终坚守工匠之身份，用匠人的赤心、手艺以及姿态创造出足以让世界震撼的庭园艺术。而"流行"，则主要针对造园服务业，即除提供造园与庭园养护以外，最大限度利用并发挥出庭园的魅力，满足业主对于庭园的需求，让业主拥有良好的招待体验。结合来看，在时间推移的过程中，植弥加藤造园株式会社用"不易流行"的理念，推动企业的可持续发展，并为园林艺术做出了贡献。

不要忘记，植弥加藤造园株式会社仅是几十家造园行业内的其中一家百年老店，它同其他深耕在造园行业中的百年老店一起，共同推进京都，乃至日本，甚至世界的庭园文化发展。

第四节　生存还是陨落

走在京都街头，如果打听一下，你会发现这一家果子店的历史超过一百年，隔壁不起眼的小杂货铺历史超过两百年，而对面的背包店历史甚至超过三百年……对于外来者来说，这是有趣并富有历史感的现象；但对于京都人而言，百年老店的存在并不是一件稀奇事。

然而，2018年日本调查公司帝国数据银行公布的一则数据敲响了众多百年老店警钟。2018年，日本有465家百年老店倒闭，刷新了21世纪以来的最高纪录，其增幅超过东日本大地震后的2012年。细算这笔账的话，在2018年，日本每天就有一家以上的百年老店在历史前进的轨道上消失。

时代的前进促使产业模式升级，人类对自由的向往以及"不把鸡蛋放在一个篮子里"等典型现象，与日本传统百年老店的发展规划不够贴合，比如匠人坚守传统，坚持小规模生产，一生只"浪费"在一件事情上。新的经济模式与技术进步给类似的传统制造业带来巨大的威胁，如果消费者不是百年老店的"死忠粉"，他们会选择更符合时代趋势的"快节奏"产品，比如大家耳熟能详的优衣库。

百年企业的延续大多依靠血脉的继承，但现今日本的大环境不容乐观，一方面日本踏入少子高龄化社会，2020年的出生率创日本有人口记录以来新低，不足90万人。据日本国立社会保障与人口问题研究所发布的将来推算人口，日本的总人口数可能将在2048年不足1亿，到2060年减少到8674万人。①另一方面，随着时代开放与思想解放，年轻人不愿意被束缚，开始追求自由，即使家中有产业，也不愿意继承，于是一些百年老店面临后继无人的情况。根据日本中小企业厅的调查，直到2025年，超过70岁的中小企业主将达到245万人，超过一半的企业未确定接班人。②

加之日本位于环太平洋地震带，是一个地震多发的国家。受自然灾害的影响，地震不仅会造成很多硬件设施损坏，还会给居民带来巨大的伤害，一些经营情况较差的百年老店也会在地震中一蹶不起。

京都作为日本的一座城市，这里的百年老店势必也将受到大环境影响，面对时代的冲击，京都的百年老店要在危机中做出怎样的抉择，才能延续生命？这是百年老店需要思考的问题。一些已绝处逢生的百年老店，或许能给予其他百年老店一些发展路径的参考，位于京都市伏见区的藤冈酒造，就是其一。

藤冈酒造原只是一家位于京都市东山区的清酒作坊，经营者为村井财阀的创始人村井吉兵卫。因市场不景气，村井吉兵卫提出关店的想法。此时，清酒作坊的管家藤冈荣太郎想要接手这家店，于是在明治三十五年（1902）创立藤冈酒造，并

---

① 新华网. 2019年日本出生人数创新低［EB/OL］. http://www.xinhuanet.com/2020-06/06/c_1126080378.htm.

② 证券时报. 日本中小企业启示录："隐形冠军"的机构推手［EB/OL］.［2019-09-18］. https://www.sohu.com/a/341567349_115433.

以"万长"为主要产品。

藤冈酒造的发展并非一帆风顺。创立初期，受明治维新影响，全国商业流通，各地的清酒品牌进入京都市场，京都本地清酒品牌的市场份额遭到挤压。再者，京都的旧城交通拥挤，不利于京都酒企发展，很多酒企纷纷选择转型或者搬离京都市区。

藤冈酒造苦熬了十几年，终于在大正七年（1918）搬至位于京都南部有良好水资源的伏见区。在第三代继承者藤冈义文的带领下，藤冈酒造发展势头强劲，"万长"闻名于关西地区。20世纪90年代初，受日本泡沫经济的影响，日本清酒产业一片低迷，藤冈义文也在此时不堪重负而亡。社长突然死亡让藤冈酒造内部陷入恐慌。为稳定时局，藤冈义文之妻暂时接管公司，但发展不如从前。平成七年（1995），大地震让藤冈酒造雪上加霜，最终宣布停产。

藤冈酒造的起死回生，由第五代继承者藤冈正章开启。藤冈正章是藤冈义文的长子，自出生开始，他被公认为企业接班人。在父亲的影响下，藤冈正章考入东京农业大学的酿造专业，并在学习的过程中培养了酿酒的兴趣。但临近毕业时遭遇家道中落，迫使藤冈正章调整人生规划。

藤冈正章说出当时的感想："藤冈酒造已经成为历史，我当时也决定开始自己新的人生了。"于是，他留在东京的一家酒水批发公司工作。在东京工作的日子，他与大学同学、各地清酒制造厂家联系紧密。曾经同专业的同学或已成为酿酒厂的技术骨干，或已是自家酒厂的经营者，大家在一起经常讨论

"酒"的问题。藤冈正章心里会出现强烈的落差，因为他不能再喝到自己家的酒了。

一次，他参加了全国清酒企业接班人的会议。在会上，他忍住泪水说出心里话："我想酿造自己的酒。"换句话说，他想让曾经的藤冈酒造重生。在酒水批发公司工作三年后，他决定辞掉这份有稳定收入的工作，踏上了藤冈酒造的复兴之路。

在一位酒业前辈的指点下，他从各地的酿酒小作坊开始考察，因为小作坊与他当时的境遇最相似，所以最具参考性。这些小作坊虽然人手少、规模小、产量小，生产设备缺乏，但它们所酿之酒味美，在市场也有不错的反响。

之后三年，藤冈正章分别在三个差异较大的酒企学习、积累经验，为振兴家族打下坚实的基础。这三家酒企分别是富山县富山市的桝田酒造、左贺县唐津县市的小松酒造、宫城县石卷市的平孝酒造。

他最先到桝田酒造店，这是一家创立于明治时期酿制清酒的店铺。尽管藤冈正章家也酿制清酒，但他从未真正接触过酿酒过程。在这里，他第一次接触酿酒车间的设备和原料。当时，带领他的师傅是日本最有名的酿造师——三盃幸一，在师傅的指导下，他学到先进的酿酒工艺与酿酒技术，领悟到清酒酿制的博大精深。虽然收获良多，但桝田酒造是一家相当成熟的酿酒企业，不论是人才、技术，还是设备、管理，都是当时最先进的，与自己的实际情况相比，差别甚大。

第二年，藤冈正章前往同学小松大祐家的酒企——小松酒造。

这是一家创立于江户时代末期的清酒企业，主要的清酒产品为"万龄"，在日本九州地区享有很高的知名度。小松酒造与藤冈酒造的经历相似，它们同经历日本的泡沫经济、均遭遇停产危机。只不过小松大祐在家业逼近破产之时，辞职回家挽救了处于水深火热中的家业，使小松酒造重新走上正轨。

在小松酒造学习期间，藤冈正章受到小松大祐不少鼓励，这让他对于重振家业信心倍增。同时，由于小松酒造规模较小，不同于桝田酒造分工过于精细，通常一个员工就可以走完酿酒的全部过程，所以藤冈正章在这里最为系统地学习了酿制清酒的工艺。

为更了解酿制清酒的技术，第三年他来到平孝酒造学习。这里无论是生产规模还是自然环境都与前两家百年企业不同，每到一地，他就稳扎于此钻研，一来二去，他不仅对酿酒技术与工艺有具体的了解，还深刻理解了大自然对酿酒的神秘力量。

平成十四年（2002），藤冈正章回到京都市伏见区，以第五代接班人的身份，重启藤冈酒造。"复出之路"并为易事，当时藤冈酒造几乎只有藤冈正章一人，从厂房的建设，到设备、原料的采取，都要事事亲为。庆幸的是，以前藤冈家在经营企业期间积累了不错的人际关系，所以许多人愿意在此时站出来，帮助藤冈酒造实现复兴，这些人包括顾客、供货商、老员工等。

面对市场，藤冈正章锁定了企业新的发展路径：放弃以前主打的经济型品牌——"万长",将目光锁定在高端酒的市场上,推出"苍空"。做出这样的抉择,一是因为市场已经转变,随着人们经济水平提升,人们对酒有更高的要求与品味,"万长"无法在现在的市场上获得发展;第二个原因是藤冈正章阐明,他无法酿造出与以前"万长"一模一样的酒,"万长"的酒味也还有待提升,若继续推出"万长"就等于是欺骗消费者。

在酿酒原料的采取上,藤冈正章选择日本东北地区广泛采用的"美山锦"大米,用它酿制出的酒清甜可口,正符合他的心意。除了产品的内在,他对酒瓶也有研究。为保持酒的新鲜感,防止空气进入酒瓶与酒发生作用,影响酒的品质,从而将酒瓶的大小设计为两个人的饮用量。再者,瓶身的颜色也能直接呈现出清酒的颜色。

在藤冈正章的积极带领下,藤冈酒造慢慢回到以前地位,并在日本高端酒市场上占有一席之地。"苍空"大受欢迎,但为保证所酿之酒的质量,藤冈正章并不盲目扩大生产,而是保持匠人精神,在质量上狠下功夫。

藤冈酒造既历经过无法抗拒的天灾,也遭遇过市场的"刁难",主心骨的突然去世使它迷失前进的方向,最终一步步走向衰落。后代秉承着复兴的信念,遵循着家族百年的谆谆教诲,在黑暗中找出光明之路。同类型百年老店、前辈、老员工的帮助让复兴者莫大宽慰。正是这种主观条件与客观条件的结合,使得藤冈酒造有了今天地位。

第八章　活力之都

从表面看京都似乎是一座保守的城市，与东京这样的现代化大都市相比，这里发展缓慢、固守传统，似乎不愿接受新鲜事物，然而当我们回溯历史就会发现，京都自古便有着开放包容、兼收并蓄的活力基因。

绳文时代开始，日本就与中国有了交流，奈良时代更是兴起了全方位学唐的热潮。平安时代前期的文化是奈良时代文化的延续，直到宽平六年（894）停派遣唐使，以京都为原点，国风文化迅速兴起，日本文化才逐渐摆脱中国文化的影响，走向由汉风到和风的过渡。

明治维新时期，由于都城迁至东京，京都失去了地位优势。面对战后的衰败，京都绝处逢生，主动打开大门学习西方，从产业、教育与基础设施三大方面进行现代化改革。

二战中，京都免于被美军轰炸，文物古建得以保全。然而，这种侥幸也使它背上了保存传统的包袱——与其他变为废墟的城市相比，京都的建设必须权衡文物的保护，难免就有些放不开手脚。但事实上，京都并没有因传统的束缚而故步自封，它一方面充分发挥自身的文化优势，大力发展旅游业；一方面又探寻着新的出路。京都的生命力在哪儿？本章试图解答这一问题。

第一节　和魂汉才

以华为师

在前面的章节，我们提到桓武天皇新建的平安京，模仿了唐朝长安城的棋盘式布局，左京取名"洛阳"，右京取名"长安"，就连城中央贯穿南北的"朱雀大路"也与长安的"朱雀大街"近乎孪生。

从建都伊始，京都就走上了学习中国的道路，时至今日，这里依然弥漫着浓浓的盛唐风韵。京都的确可以说是受中国文化影响极深的城市，这其中的缘由，还得从一枚金印说起。

在福冈市博物馆，珍藏有一枚边长2.3厘米、重108克的纯金印章。[①]它出土于1784年，是福冈县志贺岛的一个农民在挖水渠时发现的。印台上附有精致的蛇形钮，印面镌刻着"汉委奴国王"五个大字。在《后汉书·东夷列传》中有记载："建武中元二年，倭奴国奉贡朝贺，使人自称大夫，倭国之极南界也，光武赐以印绶。" 意思就是，倭奴国（即日本）派使臣来华朝贡，汉光武帝感其远道而来，赠予印一枚。由于

---

① 福冈市博物馆. 金印［EB/OL］.［2021-01-07］. http://museum.city.fukuoka.jp/gold/.

"委"通"倭"，专家便认定此枚金印与汉书记载的是同一物。两物印证，由是观之，东汉建武中元二年（57），日本就已经启动了和中国的官方文化交流。

但那时的日本，还不足以称是统一的国家，准确来说向汉光武帝朝贡的倭奴国不过是当时并立在九州岛北部的一个酋邦。对倭奴国而言，能够得到强大的汉朝授予的金印，简直就如同拥有了"尚方宝剑"，既能稳定统治，又可震慑邻国。另外，汉朝赠予的回礼也颇为丰厚，其中不少都代表了当时世界上最先进的技术。

在这之后，卑弥呼女王也多次派使者到魏国交流①，从各方面学习借鉴中国的先进经验。飞鸟时代，建立了统一国家的日本更加强了与隋唐的交流，其中圣德太子制定的"十二阶冠位"制度和"十七条宪法"，以中国儒学和佛教为主要内容，成为后来日本封建社会的重要理论基础和法制基础。

大化二年（646），日本正式开始了大化改新，其借鉴唐朝的政治和经济体制，一方面废除贵族世袭制，建立中央集权的官僚政治体制；另一方面颁行班田收授法和租庸调制，将豪族的土地收归国有，农民分得田地后要向国家缴纳粮食、服徭役，而不再依赖于豪族。这场改革运动完善了日本的统治制度，解放了生产力，为律令制的形成奠定了基础。

大化改新大获成功，日本方面开始自我膨胀，不但将自己奉为"日出之处的国家"，还染指朝鲜半岛内乱，意欲和中

---

① 据《三国志》记载，从公元238年到247年的十年间，倭女王卑弥呼先后共遣使魏国五次。

国大唐决一胜负。

彼时的朝鲜分为新罗、百济和高句丽三个小国,新罗国归附于唐朝,而百济联手高丽句,寻求日本的支持。双方为争夺地盘,伺机一争高下。公元663年八月,在白江口①,大和王朝军队和唐朝远征军展开了较量,这也是中日两国历史上的第一场战争。日本方面派出了一千多条战船和三万多兵力,而唐军只有170多艘战船和1.3万兵力。日本信心十足,率先开战。然而兵力数量占据优势并不代表胜利的天平就倾向这方,最终日军的小船抵挡不住唐军高舰的攻击,刚交战没多久日军就处于劣势。随后唐军又变换阵形,将日军团团包围,胜败已成定势。

《旧唐书·刘仁轨传》中记载:

仁轨乃别率杜爽、扶余隆率水军及粮船,自熊津江往白江,会陆军同趣周留城。仁轨遇倭兵于白江之口,四战捷,焚其舟四百艘,烟焰涨天,海水皆赤,贼众大溃。

《日本书纪》也对这一战争的结果进行了描述:

须臾之际官军败绩,赴水溺死者众,舻舳不得旋。

所谓不打不相识,这一场战役的惨败,让日本清醒地意识到自己和唐朝的巨大差距,就此放弃了对朝鲜半岛的野

---

① 白江口:现位于韩国锦江入海口。

心，端正了对华姿态，转而全方位地"以华为师"。

战前，日本曾向中国派出遣唐使，规模均只有一两条船、120来人。战后，日本派出的遣唐使规模已经上升到4条船、500余人。[①]奈良时代，日本学习中国的热潮达到顶峰，其间派出遣唐使多达六次，将盛唐文化源源不断地传回日本。这一时期，从日常习俗到政治经济制度，只要觉得有用的，日本都竭力学习、模仿。举例来说，日本实行的国郡两级地方机构，与唐朝的州县制如出一辙；奈良时代的都城平城京，也是以长安城为样本建设的；而茶叶、豆腐等从中国传到日本，也影响了日本人的饮食习惯……同时，中国也派出使者访日，大名鼎鼎的鉴真和尚就是在这一时期，六次东渡到日本传法的。也是通过学习中国，日本的国力明显提升，创造了灿烂的奈良文化。

回顾了这一段历史，我们再来看平安京对中国的模仿之举也就不难理解了。尝到甜头的日本天皇，在迁都平安京后，仍然将学习中国视为头等大事，希望日本在政治制度、生产工具、建筑、文学等方面都搭上唐朝的便车。

弘仁九年（818），嵯峨天皇下诏："朝会之礼，常服之制，拜跪之等，不论男女，一准唐仪。"[②]当时日本天皇着黄袍，袍上绣着桐、竹、凤凰；五位以上官员佩带太刀，持牙笏；五位以下官员持木笏，和唐朝官仪几乎一样。

---

① 韩昇. 遣唐使与学问僧［M］. 北京：中华书局，上海：上海古籍出版社，2010.

② 乌廷玉. 从日本古今史籍看唐朝中日关系［J］. 思想战线，1981（02）：4-13，25.

就这一件小事，便足以看出平安京时代对中国的模仿。也难怪日本历史学者林干弥会说："平安时代社会的风俗习惯，几乎全是唐风。"

停派遣唐使

从公元630年到公元838年，日本一共派出19次遣唐使，其中成功到华的有14次，这些使者在日本岛和中国大陆之间架起了沟通桥梁，促使中国文化源源不断地输入日本。宽平六年（894），时任宇多天皇打算再次组建使节团出访大唐，并任命菅原道真为遣唐使正使。

前面已经提过，菅原道真是日本著名的学者、诗人、政治家，死后被尊为"学问之神"。他深受宇多天皇的信任，在朝廷担任左大辩、勘解由长官、春宫亮等多项重要职务。受到委任后，菅原道真深思熟虑，最后给天皇写了一份报告书。这份报告书想来一定让天皇大跌眼镜，因为它里面的内容，竟不是讲如何赴中国学习，而是请求废除遣唐使制度！

请令诸公卿议定遣唐使进止状

右旧记，历次使员，或有渡海而丧生者，或有遭贼遂亡身者。唯未见至唐，有难阻臣谨案，在唐僧中瓘去年三月，附客商王讷等送到之录记，大唐凋敝之情，载之具矣。更告勿需入朝，应停遣唐之使。

臣等伏检饥寒之悲。如中瓘所申报，未然之事推而可知。臣等伏愿以中瓘录记之状，遍下公卿博士，详议定其可否。国之大事，不独为身，且陈诚款，伏请处分。[①]

从上面的内容来看，文章主要论点有三：第一，遣唐使风险过大；第二，唐朝国势走向衰败，学习的意义大打折扣；第三，日本此前学习中国，一味模仿而没有消化，导致日本国内矛盾日益尖锐，危机四伏。

这前两点还好理解。首先，8世纪后，由于朝鲜半岛形势的变化和沿岸海盗猖獗，日本将访唐路线由原先的北路改为南路，即从北九州之筑紫，折向西，横渡东海，直达长江口岸。[②]这一航线虽然减短了路途，但风暴多、风险大，因为日本当时的航海技术还比较落后，"有去无还"者大有所在。赴唐成了可怕的催命符，朝廷官员避之不及，唯恐受任。而此时的唐朝也因经历了安史之乱和黄巢起义，日薄西山，地方藩镇割据、农民起义，经济处于崩溃边缘，整个社会也是一片混乱。连自己都朝不保夕了，哪里还有让日本学习的价值？

而这第三点，就需要结合日本当时的历史背景来解释了。

前文说到，日本在大化改新时，借鉴唐朝均田制，颁行了班田收授法和租庸调制。按照规定，土地原则上为封建国家所有，政府向公民按期颁授口分田并登记人口，编造户籍册。农民每年必须向国家缴纳人头税，除此之外，还要承担岁役、兵役、杂役等徭役。这一制度保障了封建经济基础的稳

---

① 出自《菅家文草》，卷九，《奏状》。

② 王晓秋，［日］大庭修主编. 中日文化交流史大系1·历史卷［M］.杭州：浙江人民出版社，1996.

定，促进了奈良时代的经济发展，但是这种繁荣背后的危机也在不断显现。

由于封建统治者代表着广大封建地主和贵族的利益，因而在土地分配上，他们也要先保证这些群体足量授田，等到对广大农民进行分配时，田地数量就拮据起来了。农民没有获得应有份额的土地，赋税、劳役、兵役任务却一点没减。在定都平安京前，天皇几度易都，每次修筑宫殿、寺庙都需要大量的劳动力，农民的劳役期限由原先的十天延长至一个月甚至更长。常年征调不绝，使得百姓疲惫不堪，难以糊口。再加上古代生产力有限，为了维持来年的再生产，农民还不得不向律令制政府或者豪族借贷，并承担高额利息，在这种情况下若没有足量的田地，他们的生活将难以为继。

在这场被动的土地分配运动中，相当一部分农民，因过重的经济负担而破产，他们不得不放弃口分田外逃，成为脱离户籍的"浮浪人"。而那些被抛弃的田地，则被特权阶层隐匿并占为私有。部分浮浪人为了谋生也不得不依附豪族，受其雇佣耕作土地。社会财富逐渐流向特权阶层。

天平十五年（743），《垦田永世私财法》颁布，承认在得到国司许可的前提下，私垦田永久归为私有。这一举措本意是鼓励农民开垦土地，以缓解口分田紧张现状，结果却在无形中给寺院、贵族、地方豪族兼并土地打开了方便之门。国家的公有土地进而转变成私人庄园。

从9世纪后半期起，忍无可忍的农民纷纷组织起来，以直接向朝廷控诉的形式同国司进行斗争。永延二年（988），尾张国八个郡的郡司、农民来到京都，向朝廷控诉国司藤原元命的暴政，要求罢他的官。从控诉的31条罪行来看，藤原元命在其三年任职期间额外征收了17万石租米和大量绢、麻、油及其他物品，还驱使郡司、农民耕种他一族的私有地，逼迫人们替四五十年前的逃亡者偿还欠债。[①]

还有的农民武装起来，同地方豪族一起进攻京都，火烧皇宫、摄关家和留京国司的邸宅。据统计，从天德四年（960）至仁安二年（1167）的两百多年间，皇宫被烧33次，平均每隔6年就发生一次。[②]这一时期，呈现出"国内骚动，众人相互敌视，每日皆斗"的混乱形势。[③]

在这种混乱形势下，日本封建中央集权的经济基础——班田制趋于崩溃，这就大大削弱了日本朝廷的经济实力，导致他们已经没有经济能力来支付派遣遣唐使和朝贡的巨大开销。国内危机四伏，矛盾尖锐，天皇已无暇顾及其他了。

菅原道真认为，数百年来，日本为了强盛，一直以大唐为标杆，全面模仿唐朝，然而恰恰是这种不考虑本国国情的盲目跟风，最终导致了今日的社会矛盾和危机。因而，要改变日本，就是时候摆脱唐朝影响，走一条独立发展的道路了。

宇多天皇接受了这一建议，停派遣唐使，就此中断了两国交流。这时候，一种新的文化，在京都悄悄萌生了。

---

① ［日］平凡社编. 日本史料集成［M］. 平凡社，1963.

② ［日］佐藤清胜. 大日本政治思想史·上卷［M］. 大日本政治思想史刊行会，1939.

③ ［日］西冈虎之助. 日本全史·第1卷［M］. 平凡社，1940.

从汉风到和风

宽平九年（897），宇多天皇将皇权交由醍醐天皇。因醍醐天皇即位时年仅十三岁，于是由菅原道真任太政官，藤原时平任权大纳言，辅佐天皇执政。

菅原道真一上任，便着手改革当时混沌不堪的班田制度。他下令废除租庸调制，承认土地私有合法，同时又规定地主每年必须缴税给国库，不准擅自增加佃农们的赋税。这些规定从根本上触及了豪族们的经济利益，引得众人记恨。

藤原时平作为势力最强的贵族的一分子，更是把菅原道真视为眼中钉。昌泰四年（901），醍醐天皇接到藤原时平对菅原道真策划谋反的诬告，然而这位天皇不过十六七岁，还没有明辨是非的能力，在藤原时平的谗言下，他贬斥菅原道真为大宰权帅，流放至九州大宰府，道真的四个子女也都被处以流刑。

菅原道真一走，朝廷就落到了藤原氏手中。为了缓和危机同时又不触及贵族利益，藤原时平把改革的重点放在了文化上。他也认为，日本必须摆脱唐朝走一条独立的发展道路，但最关键的不是改变唐朝的制度，而是要先培育出日本自己的文化。自此开始，以京都为原点，以培育本土文化为目标的国风文化迅速兴起，并犹如燎原之火，在日本陆地上熊熊燃烧起来。

在宗教方面，净土信仰的流行成为当时唐风文化转向国风文化的风向标。①佛教自中国传来后，一直和贵族阶层结合在一起。净土信仰则劝导民众只要一心向佛就可以往生极乐净土，而无需繁琐的拜佛仪式，这种简单通俗的教义又吸引了大批民众。它完成了佛教的日本化，也成为平安文化和风化的重要组成部分。

在文学方面，和歌的创作重新受到重视，同汉诗一起在正式场合流行起来。平安时代前期，由于汉诗的兴盛使和歌颇受轻视，贵族们也只把它当作余兴，不列入文学。在原业平、小野小町、大半黑主、喜撰法师、文屋康秀和僧正遍昭"六歌仙"开创了和歌复兴之景象，吟咏和歌逐渐成为日本社会的新风尚。到10世纪初期，醍醐天皇组织编撰《古今和歌集》，它成为后世和歌创作的典范。此后，村上天皇、花山天皇也相继敕命编撰和歌集，和歌创作进入全盛时代。

几种全新的文学形式——日记、物语与随笔也在这时兴起。承平五年（935），纪贯之创作的《土佐日记》成书，它是日本第一部日记文学著作，记述了作者从土佐到京都的旅行感悟。《源氏物语》更是创造出日本民族独有的"物哀之美"，对后世的文艺创作及日本民族精神都有深远影响。《枕草子》捕捉四季变化，感悟人生百态，为日本随笔文学之典范。这些作品一起将日本文学推向历史高峰，成为国风文化的制高点。

除此之外，绘画、建筑、雕刻、书法等也都经历了"和

---

① 魏薇，李文英. 日本国风文化的特征与意义［J］. 日本问题研究，2011, 25（01）：47-52.

风化"的转变。比如浓浓日式风情的寝殿式建筑的兴起、以四季为主题的大和绘的诞生、糅合日本传统音乐元素的声乐体裁"催马乐"的出现……

值得注意的是，国风文化并没有完全和中国文化割裂。比如《源氏物语》，其中引用了不少唐朝诗人白居易的诗歌，在第三十五回《柏木》中，源氏有感于熏的出生，吟出白居易的诗："五十八翁方有后，静思堪喜亦堪嗟。"此外还有茶道、剑道、书道……都是从中国文化演变而来。应该说，国风文化并不是对外来文化的排斥，更多是一种消化、吸收、融合的过程，日本人将学到的东西发展为自己的品牌，即所谓"和魂汉才"——以本国文化为体，以中国文化为用。

另外还需注意，上述的大多数作品，都是在京都诞生的。此时，藤原氏通过摄政掌握了大权，以藤原氏为主的贵族在政治、经济上都占据强势地位，也在文化创造上发挥了主导作用。不过，这种以贵族为中心的文化也有弊端：当时的贵族们将庄园的管理权交由当地的领主或者庄官，自己则身居都城。他们与地方农村的联系已经实质性地切断了，因而其创作的作品难免与现实脱节。从一定程度上说，这一时代的贵族文化，都存在视野狭隘、优柔寡断的局限。

假名的创制

在这场国风文化旋风中，最具影响力的，恐怕还要数假名的创制。

日本原本只有语言而没有自己的文字，斋部广成在《古语拾遗》序中说道："盖闻上古之世，未有文字。贵贱老少，口口相传，前言往行，存而不忘。"这反映了日本当时的真实情况：没有文字，就没有记录的途径，人际沟通、信息传递都存在许多不便。

这时候，日本从中国那里接触到了汉字。刻有"汉委奴国王"五字的金印，前面已经介绍过，它就是日本接触汉字的最早物证。此后经过约四百年的探索，到公元5世纪日本出现了使用汉字的记载："四年秋八月辛卯朔戊戌，始之于诸国置国史。记言事达四方志。"①由此可见，日本已经开始编纂国史，这些模仿中国国史的内容，都是用汉语书写的。此后出土的文献，包括飞鸟时代圣德太子制定的"十二阶冠位"、奈良时期的《古事记》，都无一不证明了汉字在日本的使用。

汉字的传入，使得日本兴起了"文言二途"之制。简言之，即口语使用本国语言，书写时使用汉字。不过，一个国家使用另一个国家的文字，肯定会有诸多不便。语言和文字无法一一对应，于是渐渐地，就出现了把汉字用作标音符号来表达日本语意思的用法。

通俗来说，就有点像我们初学英语时，用汉字标记单词读音的"笨办法"。这些丧失了原来字义的汉字，被称作"假名"，与真正意义上的汉字（"真名"）相对应。这种用法主要出现在和歌诗集《万叶集》中，因此也被称为"万叶假名"。

熟悉日语的朋友肯定知道，日语是黏着语，表达一个意

① 出自《日本书纪》履中天皇四年条。履中天皇四年，即公元403年。

思，常常要念一长串音节。所以用汉字这种笔画复杂的文字来标音，难免会觉得累赘麻烦，这对于抄书的人来说尤其如此。当时日本宫廷中有许多博学多识的女性，她们以抄写经典为雅兴，《万叶集》也是她们抄写的主要对象之一。为了抄得顺畅点，汉字便逐渐被简化和省略，有的被写成草体，有的只保留了偏旁部首，这样形成的新字形，被称为平假名和片假名。

假名出现后，最初还只在这些宫廷女性中流传，以男性为主的朝廷仍然使用汉字。直到延喜五年（905），日本第一部敕撰和歌集《古今和歌集》在醍醐天皇的指示下成书，书的内容全部采用假名写成。大家看到连天皇编撰的书籍都使用假名，自然便接纳了这一新鲜文字。于是从《古今和歌集》开始，以假名写作的文学作品不断涌现，《伊势物语》《蜻蜓日记》《枕草子》等一批经典著作，都是由无标点符号亦无汉字的假名写成。

一方面，文学创作促进了假名的丰富与传播；另一方面，假名的出现也让写作变得更简易，特别是平安京宫廷的贵族女性们，她们利用这种相对简单的文字，记录日常生活、抒发内心情感，促使一大批日记、物语、随笔作品诞生，其中不乏《源氏物语》这样的经典之作。因此，即便说是假名的创制带动了日本文学的繁荣也不为过。

宋日贸易

宽平六年（894），遣唐使制度废止后，中日两国的官方交流基本停止。但与此同时，一股以商人为主导的民间贸易风潮却兴盛起来。

我们先来看几句诗歌：

宝刀近出日本国，越贾得之沧海东。
鱼皮装贴香木鞘，黄白闲杂鍮与铜。
百金传入好事手，佩服可以禳妖凶。

这是北宋文学家欧阳修所作的《日本刀歌》，从诗的内容来看，日本刀剑当时已经流入中国，由于做工精致，在市场上很受欢迎。

这种情况在当时并不是个例。彼时的中国已步入宋朝，结束了五代十国的战乱和纷争，国内社会形成较为稳定的局面，生产力水平也得到迅速发展。加之宋朝宽松的对外政策和航海技术的进步，许多宋商远渡东海，赴日进行商品买卖。

虽说当时日本着力摆脱中国文化影响，采取消极的对外政策：严格限制抵日贸易的宋商船，同时禁止除部分巡礼僧外的日本人私自渡海，但日本对中国商品的需求依然存在，特别是修行佛法所需香料，大部分都要依赖中国进口。中国方面也很喜欢日本的精致工艺品。从10世纪中期至12世纪初期约150

年间，从宋驶日船只不下六七十次。[①]中国商船大多在九州博多停泊卸货，由大宰府主持交易。京都贵族和地方豪族们总是争先派人到博多抢购所渴望的"唐物"。宋商售完随船带来的货物，又购进日本的商品运回宋朝出售，这些商品大多是硫黄、沙金、水银一类，还有日本生产的屏风、扇子、刀具等。一来一往间，两国民间的沟通反而加深不少。

此时，宋日间的贸易以宋朝商人为主导，日本方面由于严格的政策限制，处于被动地位。但从12世纪开始，日本的商船，也开始往来于东海了。

这一改变还要归功于时任太政大臣的平清盛。平清盛的祖父曾是讨伐海盗的功臣，它的父亲也在任备前守时，亲自主持过宋商船的贸易。受到他们的影响，平清盛早早便意识到宋日贸易的巨大利益，于是上任后，他一方面撤销了对日商出海的限制，另一方面又整饬大轮田泊、修筑兵库岛，严厉打击濑户内海的海盗，给宋日海上商贸提供便利条件。

经过多番努力，濑户内海航路变得便捷安全，而商人为了寻求更大市场，上岸后没有就地销售而是将货品运送到京都再进行售卖。由此，宋日贸易中心便由原来的博多转移至京都。

两国间的贸易，以什么作为通行货币呢？你可能想象不到，彼时京都城内，流行的货币居然是宋朝的铜钱。当时日本政府发行的十二钱货币质量低劣，导致众多空铸、私铸现象屡禁不止。国家管理不力，再加上日本国内铜资源也十分匮

---

① 木宫察彦. 日华文化交流史［M］. 富山房，1955.

乏，十二钱到10世纪中叶后便不得不停用。但此时日本国内商业发展和市场经济已经开始繁盛，流通领域不可或缺的货币只好依靠进口。

中国官钱在日本广泛流通，甚至出现紧俏，私铸的和仿制的中国钱也被大量使用起来。此后一直到江户时代结束，中国货币在日本历史上都扮演着重要的角色。

第二节　新风吹来

迁都的危机

德川幕府统治期，日本的政治中心已经转移到江户。当幕末的战火熄灭后，京都作为维新政府所在地，市民们都热切期盼着天皇还幸，恢复京都城的往昔辉煌，甚至还专门"停市"两天来参拜神社、上庙进香。可他们万万没想到，明治天皇在明治二年（1869）二度行幸东京之后，滞留东京，宣布迁都。

这事还得从更早的时候说起。嘉永六年（1853）美国黑船叩开日本大门，同时也激化了幕藩体制下沉积已久的内部阶级矛盾。此时孝明天皇借尊王攘夷之势，迅速向冈山、长州等十四藩发出命令，要求他们对皇室尽忠，团结一致，对外攘夷。于是，从文久二年（1862）后半年开始，积极参与朝政的藩主们，纷纷将自己的部分兵力转移到京都，还在京都建立起自己的新藩邸。政治中心又转移回京都了。

庆应三年（1867）十月，幕府将军迫于压力提出将军辞表，王政复古得以实现。这使得京都不免产生了这样一种幻觉：这里将再次成为真正意义上的权力中心，成为新政府的都城。可是，京都毕竟是千年古都，在拥有传统文化优势的同时，它也是顽固守旧势力的据点。对于要进行近代化改革的新政府来说，这里无疑是最难动刀的地方。从这点来看，夺回了政治中心地位的京都，并不意味就一定会成为未来近代化意义上的"都城"。①

18世纪的日本，曾盛行过"三都论"说法。所谓"三都"，一是说江户作为掌握真正权力的幕府所在地，是为政治之都；二是说大阪作为商人聚集地，是为经济之都；而京都，是天皇所在地，保留了大量国风文化的痕迹，被称作传统与文化之都。倒幕运动胜利后，新都城的选择，必将围绕这三座城市展开。

主张定都京都的人，无疑是看准了京都的"老牌王城"地位，这自不必说。主张迁都大阪的人则指出，大阪乃天下咽喉，交通便利，又拥有扎实的商业基础，是新都城的理想之地。而以前岛密为代表的"迁都江户论"者则认为，相比大阪，江户的建设不必从零开始，原有的藩邸还可以修缮后重新利用，不必劳民伤财。且江户当时已拥有近一百三十万的人口，大阪和京都人口不过四十万，因而迁都江户，对于人口的稳定是最有利的。

---

① 韩宾娜. 日本历史上的迁都与社会转型［D］. 东北师范大学，2006.

最后一种说法渐成主流，大家一致认为，既然是新国家新政权，都城也一定要让人"耳目一新"。天皇也接受了这种观点，可惜迁都毕竟牵涉众多利益和矛盾，所以天皇在实际迁都过程中，表现得谨慎小心——没有发布正式诏书，而是采取了"外出行幸"这一形式。

明治元年（1868）三月，天皇先赴大阪，名义上为"行幸"，实际就是考察大阪是否具有成为新都城的潜质。同年七月，明治天皇下诏将江户改称东京，并于十月行幸东京，十二月才还幸京都。次年三月，天皇再抵东京，沿途与官民嘘寒问暖，通过赐酒、和歌往复等方式加强与民众的交流，展示了新一代天皇的气魄和风采，出色地完成了迁都前的宣传准备工作。

政权转移也在暗地进行着：第一次东幸后，一大批随行人员留守在东京；第二次东幸后，天皇又把家眷和太政官唤去。至于为什么中途还幸京都，大概是考虑到京都人的心理接受度。这种过渡甚至持续到后来的大正天皇和昭和天皇——他们的即位典礼，都还是在京都御所举行的。

然而，反对势力的抵抗向来顽强。在天皇第一次行幸东京前，一位老者策马而来，惊告伊势神宫内的宫前华表倒塌。彼时朝廷正在伊势进行着最重要的神事——祈祷该年收成的大尝祭，所以老者认为这是神对天皇东幸发出的警告。不过维新派帮忙压住了场面，天皇带着三千人马，浩浩荡荡地继续前行了。

由此看来，迁都东京的决定其实当时就已做下，无法逆转。明治二年（1869）3月28日，天皇正式进入了东京城，10月，皇后也跟随天皇去了东京。以太政官为首的新政府各个机构，也都纷纷搬至东京。此时，迁都东京才算尘埃落定。

绝处逢生

事实上，在天皇迁都东京前，京都已饱受战争重创。元治元年（1864），长州藩与幕府联军在京都御所的宫殿门口交战，史称"禁门之变"。这场战争中大炮被投入使用，导致京都市区，特别是中京区和西京区约3万户民宅被炸毁。[①]二十年后，明治十九年（1886），维新政府又与幕府军在京都南郊的伏见、鸟羽展开斗争，幕府军的94门大炮与新政府军的583门大炮对轰，再次给京都造成重创。[②]

城市损毁还可以重建，迁都对京都的打击却是致命的。首先是公家武家搬离，明治二年（1869），伴随版籍奉还的实施，公家、诸侯的称谓都被废止，改称华族，还被要求居住在东京，而这些人原本的土地和居住的市井，逐渐荒废了。形势更为严峻的是工商业——迁都前，京都的产业多服务于王公贵族，例如专为宫廷贵族提供服饰的西阵织。迁都之后，这些传统中央型产业或随迁至东京，或因本地市场的丧失而走向式微。

---

① ［日］久住真也. 长州战争与德川将军：幕末时期畿内的政治空间（长州战争と德川将军：幕末期畿内の政治空间）［M］.岩田书院，2005.

② 日本钻石社. 图解日本史［M］. 易博士文化，2004.

这不禁让人联想到过去奈良失去都城地位后陷入的停滞。要想避免重蹈奈良的覆辙，转变势在必行。

首先站出来的，是一个叫作槇村正直的人。迁都翌年，槇村正直提出《京都府施政大纲建言书》。作为京都复兴的纲领性文件，它从产业、教育、基础设施三大方面提出了指导性意见，包括引进机械，发展现代化产业；兴办基础教育与职业教育；开辟水道，修建铁路；发展出口贸易等等。在这之后的六十年里，京都市的建设都围绕这份纲领展开。具体可分为三个阶段：第一阶段主要为殖产兴业，第二阶段兴建琵琶湖疏水工程，第三阶段接续琵琶湖水利工程，并拓宽市区道路，铺设铁路，集中改善城市基础设施。

在槇村正直之后继任京都府知事的是北垣国道。上任不久，一位叫作田边朔郎的二十一岁青年给北垣国道呈上一篇计划书。计划书里面的内容充满奇思妙想，要在大津市的三保崎做一个取水入口，然后将逢坂山打通，建一条隧道将琵琶湖的水引至京都市内来。没想到，北垣国道十分赞赏这一提议，还真愿意把这项计划付诸实践。于是，明治十八年（1885），利用政府发放的产业基金和贷款，琵琶湖疏水工程正式动工了。

这项工程的意义不仅在于引水满足工业、农业、生活用水和防火、公共卫生的需求，还能通过琵琶湖，京都和日本海及北陆、北海道连接起来，让琵琶湖成为一条贯穿日本西部和北部的运河，从而真正带动京都的产业化建设。

利用琵琶湖的水力，京都兴建起了日本第一座水力发电站——蹴上发电站。明治二十四年（1891），蹴上发电站首次发了600马力的电，蹴上倾斜铁道、京都钟表制作公司和京都电灯股份有限公司成了首批获得电力的客户。明治二十八年（1895），日本最早的电车在京都南禅寺至盐小路之间运行成功，它的电力也是通过琵琶湖的水获得的。

最早的水电站，最早的电车……看得出来，京都在迁都后采取的一系列自救措施都非常大胆和前卫。这里再举两个有趣的事例：

明治五年（1872）四月，第一届京都博览会在新修的圆山公园附近召开。博览会的目的是要打开大门，向世界展示京都的文化和产业成果，从而推动京都的经济发展。这是京都首次允许普通外国人进入，也招揽了大量人气，据统计，这届博览会的外国参会者达到770人。①山本觉马还特意制作了英文宣传手册，向外来嘉宾介绍京都的御所、祇园、圆山公园的樱花……此外，作为博览会余兴节目，在槙村正直的推动下，杉浦治郎右卫门和井上八千代还策划了都舞，让祇园的艺伎、舞伎公开表演。

与以往的舞蹈不同，都舞模仿了欧洲歌舞演出中的团体舞，舞台两侧还设置了花道。舞伎们身着柳樱衣裳从花道登场，伴着"吁——咿亚沙"的号子，一边翩然起舞，一边用长歌介绍京都的名胜，令观众赞叹不已。自那以后，都舞作为一项惯例活动保留下来，且每年都被赋予新的主题。盛春四

---

① ［日］小林丈广，［日］高木博志，［日］三枝晓子. 京都，流动的历史［M］. 谢跃，译.北京：社会科学文献出版社. 2018.

月，在祇园甲部歌舞练场，舞伎们用舞蹈讲述着京都的传说逸事，向来自世界各地的观众展示京都的魅力。

京都人甚至还想出发展电影业的好点子。20世纪初，京都的稻畑商店进口了日本第一套电影摄像设备，而使用这套设备进行拍摄的就是被誉为"日本电影第一人"的牧野省三①。他启用了尾上松之助②、衣笠贞之助③等众多著名演员，拍摄了《忠臣藏》《浪人街》等杰出的电影作品，奠定了日本电影业基础。大正十二年（1923），牧野省三创立了个人独立制片厂——牧野电影公司，给后来的电影人树立了榜样。

20世纪20年代，不少电影人都模仿牧野省三，创立了自己的独立制片厂，以自编自导自演的形式制作了大量电影。此后的京都，孕育了无数享誉世界的电影人，男有长谷川一夫④等，女有山本富士子⑤等。京都人对电影这种新事物的热

---

① 牧野省三（1878—1929）：被誉为日本电影之父，是日本电影最早的开拓者之一，也是日本第一位真正意义上的电影导演。

② 尾上松之助（1875—1926）：日本第一位电影演员，号称台柱子，一生参演作品达1005部，包括《峡谷新月》《石山军记》等。

③ 衣笠贞之助（1896—1982），日本演员、电影导演、编剧，本名小龟贞之助。代表作有《疯狂的一页》《地狱门》《十字路》《雪之丞变化》等。

④ 长谷川一夫（1908—1984）：曾用林长丸、林长二郎作为自己的艺名，被誉为日本美男子的代名词，代表作品有《婴儿的剑法》《雪之丞之恋》等。

⑤ 山本富士子（1931—　）：日本电影女演员。1958年获得蓝绶带最佳女主角奖，1960年获得电影旬报最佳女主角奖。代表作品有《花之讲道馆》《金色夜叉》等。

爱还可以从观影数据中看出：大正十二年（1923）至昭和二年（1927），京都府每年的电影入场人数约有200万，昭和四年（1929）至昭和八年（1933）这一数据则猛增4倍，达到800万左右，其中八成以上都是在京都市内。①

从上述这些改变来看，为了不让失去都城地位的京都沦落为当初的奈良，政府、民众付诸了不少努力，旨在将它打造为一个近代化产业城市。琵琶湖疏水工程的建设、京都博览会的召开的确为京都迎来了新的活力，然而其产业之城的宏图最终未能实现——商人对利益的嗅觉往往是最灵敏的，最有经济实力的西阵一代吴服商人们，没有选择投资京都的乡土产业，而是离开了京都。可见，京都的崛起之路依旧任重道远。

学问之都

经历几多战乱与天皇迁都后，京都的地位不比从前，只能想方设法努力近代化，那时与产业革新一同出现的，是京都教育事业的复兴。拥有众多学校的京都，在20世纪开始就标榜自己为"学都"。发展教育最初旨在为产业准备技术和劳动力，没想到后来学术自由与独立反倒成了京都的特色所在。

在教育上，首先迈开步伐的是小学的建设。明治二年（1869），京都开始了町组改编，原来的27个左右町组被改编为1个番组。由此，上京区划分出33个番组，下京区32个，合

---

① ［日］小林丈广，［日］高木博志，［日］三枝晓子. 京都，流动的历史［M］. 谢跃，译.北京：社会科学文献出版社. 2018.

计65个（同年，下京又分离出1个番组）。在改编的同时，又在每一番组设置了一个具备自治会所功能的小学，同年便有总计64所小学开学。番组的数量是66个，而小学的数量是64个，这是因为有2个番组的小学并设在其他番组中。这些学校成了日本最早的小学，其运营经费来自番组居民的缴费和有志之士的捐赠。

明治四年（1871），又有四所中学建成，这些学校还聘请外国人教授外语。第二年又设立了一座女校，叫作"女红场"。京都的第一所高等学校①，则要追溯到明治二十七年（1894）设立的第三高等学校（简称"三高"）。三高的"神陵"与东京第一高等学校（简称"一高"）的"向陵"相对，一高标榜"自治"，而三高标榜"自由"。

明治二十八年（1895），时任文部大臣的西园寺公望提出，以在甲午战争中获得的赔款为资金，将第三高等学校升格为帝国大学。这一提议获得许可，第三高等学校被政府迁移到东一条通的南侧（现在的吉田南校区），其土地和建筑物都交由帝国大学使用。明治三十年（1897），京都帝国大学正式成立。创设时的计划，本来是想从法科大学开始设置，但是由于报考工科的人数剧增，便先设置了理工科大学。接着，明治

---

① 这里指旧制高等学校。旧制高等学校是明治时代至昭和时代前期存在于日本的高等教育机构。学校由以普通中学毕业者为对象进行专业教育的学部（4年制），和实施帝国大学升学预备教育的大学预科（3年制）两个部门构成，但不久就分离废除了前者，变成了只有后者的3年制机构。

三十二年（1899）设立了京都帝国大学法科大学和京都帝国大学医科大学，明治三十九年（1906）设立了京都帝国大学文科大学。①二战后，京都帝国大学正式更名为京都大学。

大正九年（1920）设立的同志社大学，其前身是新岛襄开办的私塾：同志社英学校。新岛襄是第一位取得欧美高等教育学位的日本人。为了实现接受西方教育的梦想，他于21岁时偷渡到美国，并在菲利普斯学院学习。新岛襄回到日本时，已经是一名虔诚的基督教徒，他意识到设立高等教育机构的必要性，于是创办了同志社英学校。同志社英学校的建校精神是基于基督教精神的"良心教育"，即不偏重知识，而在"德育"上着力，由此培养了横井军平②在内的许多人才。1912年，改组为同志社大学。

远离政治中心的京都，在这些学校的一一设立过程中，渐渐形成了独立、自由的学术风气。日本导演黑泽明执导的电影《我对青春无悔》，该片中八木原教授的故事，就取材自20世纪轰动一时的京大事件。昭和八年（1933），京都帝国大学法学部教授泷川幸辰在其著作《刑法讲义》《刑法读本》中，对于"通奸罪"只适用于妻子一方的日本法律提出批判。泷川幸辰的这一主张，被贵族院议员菊池武夫和政友会宫泽裕等人攻击为危害思想的毒瘤，两本著作也遭

---

① 帝国大学不设学院，下设分科大学，大约20年后这些分科大学才改称学部（相当于学院）。

② 横井军平（1941—1997）：毕业于同志社大学工学部电子工学系，是日本著名的游戏产业人物，任天堂前开发第一部部长。开发设计了Game & Watch、红白机、Game Boy、Virtual Boy等产品。

内务省禁止。随后，文部大臣鸠山一郎和京都大学总长小西重直对泷川幸辰做出了停职处分的决定。面对官方的处置，京都帝国大学法学部教授认为此举侵犯了学术自由和大学人事自治，便通过校长提出抗议。而文部当局认为，教授虽然拥有研究自由，但并不拥有讲授自由和发表观点自由，于是强行对泷川教授实施了处分。于是，法学部全体31位教授提出辞职抗议，法学部学生也打着"捍卫自治和自由"的口号，发起抗议运动。事件愈演愈烈，最终，小西重直总长被迫辞职，泷川幸辰、佐木惣一、宫本英雄、森口繁治、末川博、宫本英脩6名教授被免职，另外有14名教师辞职。

这些免职、辞职的教师中，有18人转到立命馆大学①任教。泷川幸辰自己也在事件后来到立命馆讲课。立命馆的接纳，体现了它的独立精神和包容胸怀，同时也促进了以立命馆为首的关西圈大学法学部的崛起。虽然泷川事件最终没能实现教授会对人事的自治，但这场轰轰烈烈的抵抗运动所昭示的学术自由和大学自治精神，已然成为传统在京都大学代代延续。

在学术教育发展的同时，京都市实业教育的势头也不断高涨。比如京都工艺学校，于明治三十三年（1899）设立，为与京都传统的纺织业对接，学校设置了染色、机纺、图案设计三个专业，它的校歌中甚至还有"这里是工匠职业的摇篮"这

---

①　立命馆大学在明治三十三年（1900）刚建成时被称为京都法政学校，由西园寺公望的秘书中川小十郎创办。大正二年（1913）改为现在的名字。

样的歌词。

教育为产业培养人才，产业又给教育提供支持。这或许就是明治时期京都大力发展教育的目的所在。最好的例子是，当年被槇村正直派遣赴法学习染织技术的稻畑胜太郎，带头创立了关西日法学馆。由此见得，许多人从京都文明开化中受益，同时也对它进行反哺。

第三节　变与不变

古都文化财：包袱？机遇？

如今我们到京都游玩，会发现京都市内大部分电车路线都已停运了，现唯一保留着的，只有从岚山到四条大宫的岚山本线，和从帷子之辻通往北野白梅町的北野线。它们沿途有众多风景名胜，因而已成为观光客的打卡项目。一叶知秋，通过电车的命运，我们似乎能隐约察觉到京都从近代迈向现代的取舍与抉择。

回溯第二次世界大战后的日本，满目疮痍，几乎所有城市都被严重破坏，美军投下的两颗原子弹更是让广岛和长崎成了废墟……相比其他城市的伤痛，京都是幸运的，它侥幸免遭美军的轰炸，从而保留下大量文物遗址。

二战后，日本高速复兴，特别是20世纪60年代，为了迎接东京奥运会和大阪世博会，各地纷纷兴起了城市开发的浪潮。这一过程中，许多历史街区、古建筑遭到破坏，京都、镰仓等地的文化人士和市民团体发起反对房地产开发的运动，这时候的京都，面临着传统保护和现代化建设的艰难选择。

在此背景下，日本政府于昭和四十一年（1966）颁布了《古都保存法》，其中的"古都"是指过去的政治、文化中心或在历史上具有重要地位的市、镇、村，包括京都市、奈良市、镰仓市等。京都的东、西、北环山三面及山脚处被指定为历史风土保存区，严格限制在此区域内进行建筑开发活动。

保护古都也得到京都政府的积极响应。昭和四十七年（1972），《京都市市街地景观条例》出台，指定了美观地区、巨大工作物规制区域和特别保全修景地区，将古都的保护工作进一步分类和细化。第二年，京都市又划定建筑物高度控制地区，形成10米、20米、31米、45米四层级6种类的高度标准。其中，市中心地带建筑高度必须控制在 45 米以下，不得超过东寺五重塔。

景观政策也与时俱进，平成十九年（2007），新的景观政策出台，京都市中心地区的建筑物高度上限从以前的45米降至31米，并且京都市内全面禁止设置楼顶广告与闪烁式照明灯。同时，依照同年制定的《屋外广告物条例》，京都市历史遗址区内的广告牌都禁止使用鲜艳的亮色，就连星巴克著名的双尾美人图案，在京都也由原来的绿白色改为了低调的原木色。

这些法律法规最大限度地保护了京都市整体的历史风貌，但如此一来，相比其他城市的日新月异，京都的现代化建设看上去就有些放不开手脚，那些让京都人引以为傲的文化财产，此时此刻似乎变成了一种累赘和包袱。

平成六年（1994），清水寺、醍醐寺等十七处古迹被列入世界文化遗产^①，这无疑使京都在文物保护上有了更大压力。但显然，京都并不想把自己打造成一座博物馆，它选择了一种十分讨巧的方式：定位自己为"旅游城市"，利用自身的文化特色顺水推舟，发展起现代化的旅游产业。

昭和二十五年（1950），经过市民投票，日本政府决定把京都建成国际文化观光都市，并通过了《京都国际文化观光都市建设法》。到了平成十三年（2001）一月，京都市通过的基本计划中，已经将观光旅游作为京都市活力创造的基轴。

京都，似乎寻找到了新的出路。

旅游业：窄路？出路？

发展旅游业的确是个聪明的点子，京都春有绚烂樱花，夏有幽林禅院，秋有似火红叶，冬有皑皑白雪，凭借丰富的文化遗产和深厚的历史底蕴，它在全球旅游城市的赛道上表现得很出色。

根据美国旅行杂志《旅游与休闲》（《Travel+Leisure》）的读者投票，京都2014年、2015年连续两年荣获全球"最受欢迎旅游城市"第一名。平成三十年（2018）京都市观光综合调查结果则显示，当年京都市的观光客数达5275万人，观光消费额达1.3082兆日元，相当于京都市民的年消费支出总额的一半

① 这17处被列为世界遗产的古迹包括：贺茂别雷神社、贺茂御祖神社、教王护国寺、清水寺、延历寺（现划归大津市）、醍醐寺、仁和寺、平等院（现划归宇治市）、宇治上神社（现划归宇治市）、高山寺、西方寺、天龙寺、鹿苑寺、慈照寺、龙安寺、本愿寺、二条城。

多。旅游业还带动起服务业、传统工业等的发展，2018年，京都市旅游业拉动的经济收入达1.4179兆日元，带动就业15.8万人。

经济的发展固然是好事，但当来自世界各地的游客纷纷涌入京都，过度旅游的问题也愈演愈烈。其一是交通拥堵，特别是春秋两个旅游旺季，京都各大旅游景点人满为患，给电车等公共交通带来巨大压力；其二是游客的礼仪问题，外地游客的涌入给京都市民的生活带来困扰，文化习俗的差异也常常使得本地居民与游客间发生误解和冲突；其三是大众旅游导致的京都文化商业化、世俗化乱象，如祗园花街的假艺伎泛滥等。

现如今去京都旅游，不难看到这样的景象：各处的车站和电车里都挤满了游客，清水寺、金阁寺等名胜被挤得水泄不通；伏见稻荷大社的鸟居，穿着和服不停拍照的并非地道的京都女子，而是远道而来的外国游客；为接待越来越多的游客，市内慌忙建成的酒店和简易旅馆随处扎堆，京都的古色古韵难以寻觅。

这样的京都似乎不是游客们来之前所期望的京都，对于当地市民而言，它们赖以生存的故乡也渐行渐远了。因为旅游业似乎只给旅游公司和政府带来了实惠，京都市民得到的更多是侵扰和麻烦。甚至有京都人呼吁："我们的山鉾不是给游客看的节目！"加之这些年，京都市的地价被不断涌入的宿泊客抬高，许多人交不起房租，不得不离开家乡，导致京都的城市空洞化现象日益严峻。

事实上，从20世纪五六十年代开始，梅棹忠夫等人就开始对观光至上主义进行反思。梅棹忠夫提出，京都不是一座旅游城市，京都人也没必要一味迎合低素质的游客。所谓的"文化旅游"，应该将"文化"与"旅游"分开：文化是属于京都市民的，旅游观光才是属于游客的。①日本历史学家林屋辰三郎也在《京都》中指出："只有尊重文化才是信仰与观光的妥协点，文化不能成为观光的牺牲品。"②

虽然梅棹忠夫的观点带有些京都人"中华思想"的特征，但是不得不否认，过度旅游开发的问题已经在京都身上显现。除此之外，人们也开始反思将旅游业作为支柱产业，是否局限了京都的发展空间？如果旅游不是京都唯一的出路，那么新时代下，京都的生命力又在哪儿呢？

京都生命力

"旅游观光不过是京都的一个侧面。"在众多描写京都的书中，我们都能看到作者这样的疾呼。他们的声音反映出这样一个事实：在许多人心中，"旅游"已然成了京都的固定标签，或者更进一步地说，那些没来过京都的人，对这座城市的印象不过是个"遍地古迹的小城"。这样的误会倒也情有可原，毕竟京都在宣传自身的观光资源时，总是把重点放在"古"上，全然不提自己的现代化元素。于是这些焦心的学者们不得不一再强调：京都是一座现代化大都市，它也是日本的

① ［日］梅棹忠夫. 京都导览［M］. 曹逸冰，译. 北京：商务印书馆，2017.

② ［日］林屋辰三郎. 京都［M］. 李濯凡，译. 北京：新星出版社，2019.

学问之都、美术之都、工艺之都，它是一座商业城市，甚至还是任天堂、京瓷等高技术产业聚集的工业城市。

我们在这里把这些标签列出来，也是想请读者看到京都的多面性。近年来赴日旅游成为热潮，大家关注京都只关注它的风景名胜，更容易误解它是一座单纯的旅游城市。仅介绍旅游景点，可不是本书的目的，本书的前面章节一直通过纵向历史和横向特征的叙述，试图为大家展示一个更为完整的京都。

回首过去，京都的多面性和复杂性深植于历史沃土中；展望未来，这些多面性和复杂性让京都的发展拥有了更多可能。我们可以把兼收并蓄视为京都的优势，但对于一座城市而言，眉毛胡子一把抓总归是不行的，在全球化浪潮中，京都必须瞄准自己的定位。那么答案，应该是什么呢？

梅棹忠夫提出，京都应该把"文化旅游城市"中的"旅游"二字归还，专注建设"文化都市"。但后来的京都市文化观光局好像跟梅棹忠夫斗气一样，偏偏抹掉了"文化"二字，改为"产业观光局"。

林屋辰三郎则指出，观光产业的含义不能局限于旅游，西阵织、京扇子、清水烧都可以叫作观光产业，同时它们也是文化创造的一个侧面。当东京、大阪越来越注重产业，而远离学术和艺术的时候，京都作为"文化之都"将发挥更大作用。

二者的看法实际都表达了一个意思，那就是：以软文化为核心优势，发展集内容（漫画、动画、游戏等）、会展、传统工艺等于一体的现代文化产业，而不仅仅把京都的文化局限于文物遗址这些物质的存在，将京都的道路束缚在旅游业这一个方向。

令人欣喜的是，近年来，我们已经可以看到京都在这方面做出的改变——

平成二十九年（2017），京都市制定了内容产业振兴方针。范围包括各种媒介上所传播的信息和产品，比如图书、影像、游戏等等。京都有悠久的历史和传统、丰富的文化和艺术资源，这些都可作为内容创作的源泉。同时，京都市的大学、短期大学也能为内容产业提供源源不断的人才。根据平成二十六年（2014）日本经济普查结果，京都市有762家文字、影像、漫画等文化信息事务所。① 京都国际漫画博物馆举办的"京都国际漫画·动画博览会"，也已经成长为西日本最大规模的漫展盛会。现代化的内容产业可以为京都带来丰厚的经济效益，同时这些以京都为创作舞台的内容，还能起到城市宣传的作用。

自昭和四十一年（1966）国立京都国际会馆开馆以来，京都便多次作为国际会议的重要舞台。平成二十二年（2010），京都市率先在日本提出了MICE战略。所谓MICE是指：Meeting（企业会议），Incentive tour（企业为表彰和培训员工而开展的旅行），Convention（由国际团体、学会、协会主办的总会、学术会议等）和 Event-Exhibition（文化体育活动、展示

---

① 京都市产业观光局. 京都市内容产业振兴方针［EB/OL］.［2021-02-05］. https://www.city.kyoto.lg.jp/sankan/cmsfiles/contents/0000237/237035/contents.pdf.

会博览会）。MICE 的举办对京都意义重大，其带动的招待会、住宿等直接经费自不必说，这些大型会议、活动吸引来自国内外的关注，也将有助于京都向世界展示魅力。同时，借助MICE参加者的社会影响力，京都将拥有形象宣传的机会。

另外，京都也在探索产学公的协作。京都拥有38所大学（其中包括9所短期大学），14万多名大学生——占据京都人口将近一成。①如果把大学的知识和技术资源应用到企业开发和公共建设上，一方面将大大激活京都的经济，另一方面也能帮助学生们更融洽地迈向社会，促使教育更好地回馈社会。

有了文化产业这一大方向，京都的未来应该如何更好地"变"，还要再关注两个细节：

第一，要兼顾传统与现代的平衡。

京都的城市性格不能单纯归类为保守主义或革新主义两极。要避免现代文明与传统文化的断裂，京都必须调和传统与现代的关系，使之共存。进一步说，京都人要在守护古都特征的基础上谋求现代化发展。在这一点上，我们已经可以看到京都市的灵活与智慧。比如京都特色广告牌——星巴克、麦当劳这些充满现代意义的品牌符号，通过"变脸"融入京都的古朴氛围中，这种巧妙的平衡不但解决了城市景观问题，甚至创造出别具一格的京都风格，为京都的发展指了一条明路。

第二，要兼顾政府与民间的平衡。

---

① 京都大学联盟. 大学之城京都·学生之城京都推进计划2019-2023［EB/OL］.［2021-02-05］. https://www.city.kyoto.lg.jp/sogo/cmsfiles/contents/0000249/249524/sasshi.pdf.

保存抑或开发？发展旅游抑发展工业？这些问题的解决需要政府和居民共同商讨。城市的建设服务于人，因而在制定政策时，绝不能忽视城市主体——居民的利益。近年来，京都也在朝这方向发展：平成三十年（2018），京都市观光综合调查提出了"促进市民生活与观光协调"的对策，比如通过时间分散来缓解观光地的拥挤、提高住宿税以谋求游客和市民双方满意，等等。令和二年（2020），京都市又提出建设"可持续、安全安心、以市民为主人公"的城市，其中的道路改造、河川、公园绿道拓展等都是从市民福祉角度出发制定的措施。

京都的过去经历了沧桑之变，京都的未来亦不会一成不变。当我们再回顾这座城市的今昔时，就会发现它在历史的每一篇章都写下了注脚——它们全都在解释：京都，是一座活力之都；而京都的生命力，就潜藏在它每一次改变之中。

后　记

　　京都是日本的千年古都。千年的历史风脉，为京都酝酿出数不尽的人文风景，这让京都成为许多人心中的旅游胜地。

　　的确，京都的旅游业非常繁荣。每年，京都都会迎来数千万的游客。这些游客有着不同的面容，说着不同的语言，风俗习惯和生活方式也大相径庭，但是他们对京都的好奇和热情却是相似的。

　　一年四季，京都游人如织。声名远扬的樱花大受人们的怜爱。春季鸭川畔的半木之道，整齐排列的樱花树上绽放一簇簇樱花，渲染出层层叠叠的粉色云团。河风微醺，花瓣摇落，使人如临梦幻国度。神社里也有樱花争妍斗艳，白色的豆樱、粉色的枝垂樱、紫红色的寒绯樱齐齐绽放，双重花瓣的，单重花瓣的，每一种都有其独特的姿态和魅力。绯红的殿门与粉色的樱花错叠，勾勒出深深浅浅的色彩。

　　夏季的祇园祭是属于京都人的热闹，也是属于游客的热闹。这场原本为平息怨灵的怒气、消除瘟疫而举行的祭祀活动，发展至今天已演变成市民的盛典。在这场为期一个月的祭祀活动中，最精彩的是山鉾巡行。京都的每个区都会派出由本区市民打造的华丽山鉾参与巡行。山鉾上装饰的各种饰品，每一样都是精美的艺术品，难怪有人称山鉾为"移动的美术馆"。

初秋时，大文字山、万灯笼山、大黑天山、西贺茂船山和大北山上点燃的篝火，照亮了古都的夜。这场大文字五山送火的行事，凝聚着应仁之乱后京都町众的团结之力。五座山上由熊熊燃烧的火焰构成的大文字、左大文字、妙法、船形和鸟居形，将护送着盂兰盆节时回到京都的祖先之灵返回另一个世界。

冬季里，飘雪的京都多了一分宁静之美。贵船神社里的雪压弯了古树的枝梢，铺满了层层石阶，也为神殿朱红的墙头笼上了一层柔软的白。这时候，神社还会特别点亮参道两旁的灯柱。雪愈白，灯柱愈红，而亮起的橘色灯光，也愈发柔和温暖。通体金光熠熠的金阁寺在雪的衬托下更加璀璨夺目。同样伫立在雪中的银阁寺虽然没有金阁寺那般富丽堂皇，但白雪却把它的简朴素净放大到极致，使得它宛若一幅淡墨水彩，在大自然的白纸上勾勒出简约而不简单的美。

然而，在写作《京都传》这本书时，我从头细细梳理京都的城市发展历史，发现这座古都在历史上数次成为废墟，江户时代甚至还沦落为"花之田舍"。现如今，人们在京都看到的那些古香古色、充满历史感的宝贵文化财产，竟然没有哪一处直接传承自建都之始的平安时代。它们都是在经历了天灾的毁坏或战火的洗礼后，由京都人的重建起来的，终于在和平年代里恣意地散发出优雅的美。

　　于毁灭后重生，于废墟中复兴，这是千年来不屈且充满活力的京都市民亲手缔造的奇迹。

　　诚然，繁荣的旅游业为京都注入了活力，也让京都闻名于世界。但是，旅游业只是京都的一个方面，还有更为深厚悠久的历史文化积淀于此，还有更多现代化的产业扎根于此。京都，不止有一种可能。

　　在写作本书时，我在卷帙浩繁的史书典籍中抽丝剥茧，提炼出京都的八种性格：传统与现代、刚强与柔软、变与不变、孤独与开放。如果将京都视为一个有自我意识的生命体，那这可以视为京都的第九个特点。

　　为京都作传的书有很多，不仅是日本本国的学者，日本之外对京都投注热情的人也不在少数。本书只是众多描写京都作品中的一部，但如果这九个特点能够帮助你对京都这座城市多几分立体的认知，那本书的目的就达成了。翻开这本书，希望你能够在时光中穿梭，享受京都千载历史酝酿出的历史文化盛宴；读完这本书，希望你能解开经由时间之手设下的一道谜题——为什么是京都？

廖宇靖

2022 年 1 月 7 日